AF542836

L'ASSEMBLÉE NATIONALE

ET

LA DISSOLUTIO

PAR

ÉTIENNE LAMY

DÉPUTÉ

PARIS

E. DENTU, LIBRAIRE-EDITEUR

PALAIS-ROYAL, 17-19, GALERIE D'ORLÉANS

1872

L'ASSEMBLÉE NATIONALE

ET

LA DISSOLUTION

PARIS

IMPRIMERIE BALITOUT, QUESTROY ET Cᵉ

7, rue Baillif et rue de Valois, 18.

L'ASSEMBLÉE NATIONALE

ET

LA DISSOLUTION

PAR

ÉTIENNE LAMY

DÉPUTÉ

PARIS

E. DENTU, LIBRAIRE-ÉDITEUR

PALAIS-ROYAL, 17-19, GALERIE D'ORLÉANS

1872

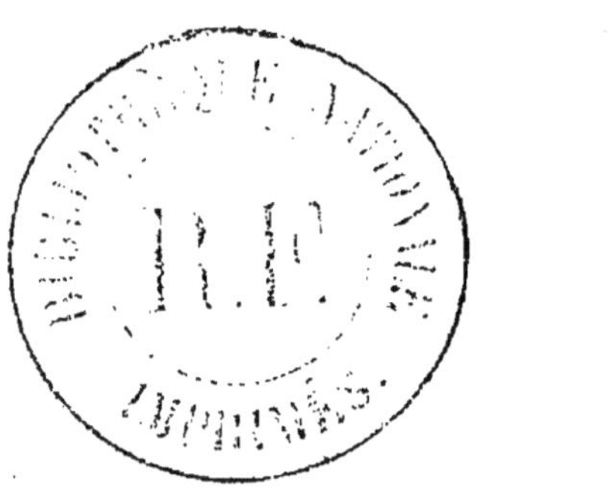

I

Il est des peuples qui passent d'une virilité sans éclat à une décadence sans orages : des siècles entiers bercent et mesurent leur tranquille déclin. Il en est d'autres que leur destinée condamne à être grands. A peine abaissés, elle les frappe et par des catastrophes les relève ou les tue.

La France a reçu cette sévère faveur. Elle ne pouvait plus vite tomber plus bas de plus haut. Une guerre folle, l'insuffisance des chefs, l'indiscipline des troupes, sont les causes apparentes de ce désastre : la chute du pays proclame un mal autrement vaste. Partout il est fait dans les vertus françaises, autrefois si fécondes, comme une solitude dévastée, partout ont montré leur impuissance les institutions auxquelles la vanité nationale décrétait l'immortalité. Mais des institutions ne se gâtent ni ne se réforment elles-mêmes; leur prospérité ou leur ruine ont une cause. Comme elles sont atteintes toutes des mêmes vices, cette cause est générale, comme elles le sont profondément, cette cause est ancienne. En effet, elle a commencé avant ce siècle. Armée, diplomatie, administration, politique, ont cessé d'être grandes parce que la France a cessé d'être une, et il semble voir passer sur cet effondrement le souffle de l'Écriture : Toute maison divisée périra.

L'unité d'un peuple est la mesure de sa fortune. Toute rongée d'abus, la vieille France fut la première nation de l'Europe, parce qu'ayant éteint ses doutes politiques dans la foi monarchique, et ses commotions sociales dans la foi religieuse, elle avait trente millions d'hommes au service des mêmes pensées. Quand vint 1789, elle jeta bas cet ancien monde, mais ne sut pas construire un monde nouveau, et laissa suspendue une œuvre qu'il fallait ou ne pas entreprendre ou achever. Sur les ruines du passé, la Révolution s'éleva comme cette tour orgueilleuse qui devait porter jusqu'au ciel les espérances des hommes. Tout à coup le travail s'arrête, ces hommes ne parlent plus la même langue : privés de leur asile d'hier, incapables d'élever leur demeure future, ils se dispersent dans le désert. Un petit nombre demeure fidèle à l'esprit nouveau, le reste s'égare dans la contradiction de ses erreurs. Tour à tour il tente le gouvernement de tous, de quelques-uns, d'un seul, se donne un despotisme jeune, revient à ses anciens maîtres, les chasse, expérimente jusqu'à l'équilibre des trois pouvoirs, importé d'Angleterre où il se rompt en France, où, depuis Louis XIV, il est un non sens. Toutes les forces, l'église, la bourgeoisie, la richesse, l'intelligence, le nombre, la police se succèdent au pouvoir, chaque essai est entrepris avec une confiance égale, terminé par une chute commune et crée une faction qui lui survit. Les résultats sont ce qu'ils devaient être : les forces nationales insurgées contre elles-mêmes s'usant sans rien produire, le scandale de ces contradictions recrutant l'armée grandissante du scepticisme, des pouvoirs, assez occupés de vivre, n'ayant pas le loisir de s'améliorer, les abus défendus comme propriétés légitimes par ceux dont ils font la fortune, ignorés des foules qui croiraient perdre les heures données aux affaires publiques et s'enfoncent dans la solitude de leurs intérêts privés, l'égoïsme frayant partout la route à la corruption, celle-ci s'étendant du peuple aux gouvernements et les abaissant l'un par l'autre. C'est l'œuvre de trois quarts de siècle, ils minent, dissolvent sans relâche. Quand ils ont fait, à l'extérieur la France est la même, mais elle est creuse au dedans. Il suffit d'un choc imprévu comme un hasard, inévitable comme une loi pour détruire l'apparence, et ce peuple qui avait été l'envie et la terreur de l'Europe devient sa pitié.

Laissé à lui-même, le temps n'arrête ni ne déjuge ses œuvres. Si l'absence de principes a réduit à cet état en trois quarts de siècle la première nation de l'Europe, combien d'années faudra-t-il pour achever ce qui en reste ? Une chance de salut nous reste, une seule, c'est que nos maux, réunissant par le ciment des douleurs communes la poussière divisée que nous sommes, forment un peuple nouveau. Si ce peuple, portant au fond de son cœur moins la fureur que la leçon de sa défaite, comprend qu'il n'a plus assez de forces pour les disperser au hasard, si éclairant à la lumière vraie du malheur la confusion de doctrines où il s'agite, il s'attache avec décision aux croyances, aux institutions les meilleures et les plus propres à son génie, s'il consacre à réparer ses fautes des efforts incessants et disciplinés, il peut reconstituer, par l'unité de principes, sa force dissoute par les égoïsmes et les partis. Il n'aura plus grand'chose a redouter de l'Europe, le jour où il n'aura plus rien à craindre de lui-même.

Telle était la leçon des événements, lorsque, le 8 février 1871, la France fut appelée à dire si elle l'avait comprise. Alors on vit que, devant les peuples, comme devant les individus un obstacle parfois infranchissable se dresse : leur passé.

II

Quand les sept cent cinquante hommes qui allaient porter dans leurs mains la fortune publique se trouvèrent réunis, ils apparurent non comme les représentants d'un même peuple, mais comme les ambassadeurs de ses discordes. Dans la France détruite par eux, les partis étaient restés debout et les factions mortes même sortaient de leur poudre, comme pour déchirer en plus de lambeaux la patrie.

Dans ce chaos trois grandes divisions se dessinèrent, et comme au premier jour elles se partagent l'Assemblée. Les changements qu'y ont apporté les réélections de juillet et de janvier, les ont faites plus égales ; aujourd'hui la légitimité, l'orléanisme, la république, comptent chacun le tiers de l'Assemblée. Scission plus profonde encore qu'on ne pense, car ce ne sont pas seulement trois partis qui prétendent au pouvoir, mais trois civilisations qui se disputent une société.

Sous le nom de légitimistes, deux sortes d'hommes sont réunis. Les uns, c'est le petit nombre, représentent la légitimité pure. Ils se sont endormis à la veille de 1789, et, réveillés hier du sommeil de leur dévouement, croient être venus aux États dans les carrosses. Ils en sont descendus pour chercher la place qu'occupaient dans le vieux monde l'Église d'État et le trône. Leur France a pour capitales Rome et Forsdorff. Au reste, ce double culte se satisfait dans le même hommage : ils aiment le roi dans le pape, et le dévot dans le roi. Quoi qu'entreprennent ces deux pouvoirs, ils l'approuvent, ou plutôt cela dépasse leur jugement, et il suffit à leur mission de rétablir l'un et l'autre. Que la sédition s'élève, que la misère s'étende, qu'une de ces heures sonne où, pour sauver l'État, il faut des mesures à la fois réfléchies et immédiates, prudentes et décisives, ils crient vive le roi et votent des prières. On leur parle de la volonté nationale, ils ne savent quel est ce mot; des malheurs que les factions causent à la France, ils approuvent et déclarent aux factieux de céder la place; on leur dit que les factieux sont tout le monde et eux personne, ils s'en honorent. Comme ils ont les idées, ils ont les vertus d'un autre âge : vertus privées, insuffisantes pour le gouvernement, mais glorieuses pour l'homme, et de cette forte espèce qui a ses racines dans les croyances. Incapables de mentir aux autres ni à eux-mêmes, ce qui est la plus rare sincérité, incorruptibles à l'ambition, inaccessibles à la crainte, si leur pays a besoin de sacrifices, prêts toujours, héroïques avec simplicité, sachant détester leur siècle mais aimer leur patrie, et sans la comprendre, mourir pour elle, ils sont comme une race de martyrs nés trop tard, après la fin des persécutions, inutiles à une foi qui périt, non faute de confesseurs, mais faute d'apôtres. Le passé leur a donné pour mot d'ordre d'arrêter la marche du temps. Dernières sentinelles qui ne seront pas relevées, ils mourront à leur poste, après avoir trouvé de leur vivant et même chez leurs adversaires la justice de l'histoire, parce qu'ils sont les plus nobles des hommes et le moins dangereux des partis.

Les autres légitimistes osent faire usage de leur raison, et hasardent, entre gens sûrs, que 1789, gâté depuis, eut de bons commencements. Leur siècle, quoi qu'ils en aient, a marqué sur eux son empreinte, et de l'ancien et du nouveau régime, ils ont pris juste assez pour se contredire. Convaincus, et avec raison, que l'ordre est le premier besoin des sociétés, comprenant ce que l'influence religieuse apporte à une nation de vertus, ils croient que le moyen d'assurer l'un et l'autre est de rétablir un trône défiant par sa perpétuité l'inconstance publique, et une église d'Etat défendue par le bras séculier. Mais, défiants et raisonneurs, ils veulent s'armer contre les pouvoirs qu'ils préparent : une certaine franchise de presse, une demi-liberté de conscience, une grande indépendance locale, un contrôle constant des Chambres, leur sont des institutions non moins nécessaires. Ils comptent les mettre au service des hautes classes, c'est-à-dire des hommes ayant assez de naissance, de talents ou de fortune pour bien penser. Le reste, matière gouvernable, n'a pas besoin de garanties mais de principes, et c'est pourquoi la religion devient ici une politique. Cependant ils ne sont pas insensibles au sort du peuple. Naturellement portés à une bienveillance protectrice, ils sont chrétiens et se reconnaissent des devoirs. Mais ils ont compris de l'Evangile uniquement le respect qu'il ordonne aux petits, et l'assistance qu'il impose aux grands ; ils n'y ont pas lu la sainte égalité qu'il commande à tous. Gardant jusque dans leur pitié un dédain de race, redoutant les appétits des masses, n'entendant rien à l'âme populaire, ils rêvent de faire des heureux sans droits et de soulager l'individu sans affranchir la classe. Leur but est un artificiel régime où une aristocratie et un roi, n'empiétant jamais sur leurs attributs réciproques, gouverneraient en conscience, et sans lui rendre de comptes, un peuple toujours enfant.

En face sont les républicains. Logiques avec le mouvement de 1789, tous sont d'accord pour renverser la double base de la monarchie traditionnelle. Leur doctrine politique est que la royauté est impossible sans des assises d'aristocratie superposées, et que ce gouvernement ne peut s'établir chez le peuple le plus égalitaire du monde ; que la perpétuité du trône et de la liberté est incompatible ; qu'une loi pousse tout pouvoir à s'étendre ; qu'en limitant ses prérogatives, la royauté fixe le champ de bataille où elle luttera tôt ou tard contre le peuple ; que, fût-elle fidèle et parfaite, sa durée seule suffit à irriter la mobilité légitime des désirs humains. Non plus, la foi religieuse ne leur paraît l'unique remède aux agitations sociales. Plusieurs même, et trop nombreux, la condamnent. Les uns, par une vue superficielle, jugent l'Eglise sur ses abus, et irrités de ses doctrines politiques, se refusent à reconnaître son œuvre civilisatrice, que dix-huit siècles proclament. Les autres, plus profonds dans l'erreur, rejettent toute notion de surnaturel comme une insulte à la raison humaine ; il leur échappe qu'il ne s'agit point seulement d'éclairer les esprits, mais de contenir les passions, et qu'à cette dernière œuvre les syllogismes ne suffisent pas. La plnpart, du moins, proclament que la foi est entre l'âme et Dieu une mystérieuse entente où le pouvoir politique ne doit pas intervenir, que s'il la proscrit ou l'impose, il l'outrage, et que, chargé de soins terrestres, son unique mission est de laisser en liberté le sentiment religieux vivre ou mourir. En face des maux répandus dans la société, le devoir des gouvernements ne leur paraît pas d'inspirer la patience, mais de rendre cette patience moins nécessaire. Loin de déclarer définitives les inégalités qui séparent les hommes, ils veulent que, si la nature fait des différences, la loi du moins ne déshérite personne. Ils appellent tous les citoyens au même titre à l'exercice de la souveraineté, n'estiment pas les intérêts de la richesse plus hauts que ceux de la pauvreté, jugent à la fois politique et juste que la classe la plus malheureuse ait une voix pour se plaindre et le droit d'améliorer son sort. Ils croient que son émancipation n'est pas suffisante, que le système des impôts fait peser sur elle la plus lourde part des charges, que l'interdiction de s'associer perpétue sa misère, que surtout il faut l'arracher à l'ignorance, la pire des servitudes, et l'élever assez pour lui faire comprendre quel intérêt elle a au maintien de l'ordre public.

A ces deux partis qui divisent les hommes de principe, s'en ajoute un troisième qui réunit les hommes d'intérêt. Cent orléanistes déclarés et cent cinquante députés, ou flottants d'opinions, ou partisans de l'essai loyal de la République et qui l'essaient pour la condamner au nom de, l'expérience, ont ressuscité le parti du juste-milieu.

Le juste-milieu n'est pas un gouvernement, c'est un vice. Il professe un égal dédain pour la légitimité et la république. Il ne croit ni comme l'une que, tous les Français étant un même peuple, il faille détruire entre eux toute différence factice ; ni comme l'autre que, les inégalités sociales étant définitives, les races favorisées aient charge d'âme. La société est pour lui une affaire où nul n'a à s'inquiéter d'autrui. Né bourgeois, il veut la domination de la bourgeoisie; le reste lui est ennemi, il le bâillonne et l'exploite sans scrupules. Il n'essaie pas même de donner aux classes qu'il déshérite l'esprit de soumission, d'y répandre la patience religieuse et de présenter à la nature humaine affamée de justice les espérances d'un monde meilleur. Son pouvoir grossier ne s'appuie sur rien qui soit de durée, il n'est pas une institution, mais un expédient qui ne dupe même pas ses inventeurs, et peu leur importe sur qui s'écroulera après eux leur abri viager. Cette bourgeoisie, qui, après avoir versé contre l'ancien régime des flots de raison soulevée et même quelques gouttes de son sang pacifique, se trouva maîtresse en 1830; qui, victorieuse avec l'aide du peuple, crut avoir assez fait contre le privilége, quand elle l'eut non détruit mais possédé ; qui, pouvant appeler à la vie sociale des millions de citoyens, se créa un pays à sa taille, et déclara dignes de penser et de vouloir deux cent mille coffre-forts; qui ménagea tout pour ses intérêts, ses passions, ses plaisirs, se donna entre hommes riches des libertés d'académie, mais refusa au pays avec la férocité de la peur toute influence sur la politique, l'impôt, tout droit de s'associer, de débattre même les questions économiques, et jusqu'au salaire: qui, plaçant aux limites de son égoïsme satisfait les colonnes d'Hercule, écrivit là où était la nation : terres inconnues; qui trop consciente de la fragilité d'une telle œuvre pour l'exposer à l'air libre de la République, et trop vaniteuse pour supporter le frein d'une monarchie véritable, se fabriqua un chef héréditaire afin de se protéger, de le conduire, de le mépriser et tua la royauté par sa façon de comprendre un roi; qui vécut, régna, s'enrichit, se corrompit dans sa solitude, se refusa à entendre la rumeur grandissante autour d'elle ou la domina à coups de canon, et durant dix-huit ans ne rencontra jamais le peuple, sinon derrière les barricades, cette bourgeoisie qu'on croyait morte est revenue, immortelle comme l'égoïsme.

Telle était l'Assemblée que la France avait chargée de faire un gouvernement. Elle en apportait trois inconciliables, et égaux en force. Sans doute, au nom de monarchie, cinq cents hommes se seraient levés contre la République ; mais il ne suffit pas de tuer un régime pour en faire vivre un autre. Le trône était réclamé par le maître légitime, qui ne s'inquiétait pas s'il était fait pour la France, mais disait la France faite pour lui, et allait dater son premier acte l'an de son règne quarante-et-unième. Il était plus désiré encore par cette souple et tenace maison d'Orléans, qui a promené dans les deux hémisphères ses ambitieuses inquiétudes, et qu'on retrouve partout où se dispute quelque couronne. De ces prétendants, un seul pouvait être roi, et ce détail eût eu raison de la majorité. Ses moitiés égales se seraient tenues en échec, chacune fidèle à son prince, et, les Républicains s'unissant aux légitimistes pour repousser le comte de Paris et aux orléanistes pour repousser le comte de Chambord, tout parti en avait deux contre lui. C'était la guerre sans victoire possible.

III

M. Thiers essaya de sauvegarder contre elle-même cette Assemblée. Cinq jours après sa réunion, en recevant de ses mains le pouvoir, il définissait ainsi son mandat :

« Pacifier, réorganiser, relever le crédit, ranimer le travail, voilà la seule politique convenable et même possible en ce moment. A celle-là tout homme sensé, quoi qu'il pense sur la monarchie ou la république, peut travailler utilement, dignement, et n'y eût-il travaillé *qu'un an, six mois*, il pourra rentrer dans le sein de la patrie, le front haut, la conscience satisfaite... Quand nous aurons relevé du sol où il gît, le noble blessé qu'on nomme la France, quand nous aurons fermé ses plaies, ranimé ses forces, nous le rendrons à lui-même, et rétabli alors, ayant recouvré la liberté de ses esprits, il verra comment il veut vivre... Sachez donc renvoyer à un terme *qui ne saurait être bien éloigné* les divergences de principes. »

L'Assemblée accéda à ce traité. Il ne lui déniait aucun droit que ses divisions ne lui eussent enlevé déjà, et grâce à lui, l'impuissance devenait une politique. Au reste, sacrifier à la patrie, comme dans une nouvelle nuit du 4 août, des convictions, plus malaisées à abdiquer que des priviléges, devant les blessures du pays n'être plus que du parti de sa guérison, et, pourvu qu'il vécût, ne pas songer à qui il se pourrait donner, semblait une tâche assez vaste pour occuper les plus grandes intelligences et assez noble pour tenter des cœurs vraiment français.

Depuis dix-huit mois l'essai dure, et le temps, juge des systèmes, a prononcé. Pour avoir réservé les questions constitutionnelles, les partis se sont-ils entendus? Ont-ils pensé de même sur tout? Ont-ils pensé de même sur quelque chose?

Il y a une institution dont les vices sont empreints sur chacun de nos désastres : l'armée. Des hommes d'État auraient compris que la paix d'un vainqueur las, mais non rassasié, était une trève, et la tenant révocable au gré de son ambition, auraient consacré sans relâche à se rendre forts ces heures de salut public. Les mesures à prendre étaient, au reste, si évidentes qu'il n'y avait pas à les délibérer, mais à les écrire, dictées par nos malheurs. Le second anniversaire de Sedan et de Metz est près de revenir. Dans ce long espace a été débattu si l'on porterait une main impie sur cette organisation invincible, et les défenseurs du passé ont été si tenaces, les réformateurs si timides, que la réforme n'est que le maintien des vieilles choses sous des noms nouveaux. Il y a un autre élément de puissance non moins efficace, plus légitime que la force : l'instruction. L'Assemblée s'est-elle unie pour la développer? Sans parler de ceux qui la jugent un danger, les partisans et les ennemis de l'enseignement obligatoire, les adversaires et les champions de l'enseignement gratuit se divisent de telle sorte, qu'on n'a pu exposer une loi sur cet objet aux violences stériles d'un débat. Il y a, pour relever une nation, mieux que la force et le savoir, c'est la conscience. L'Assemblée a-t-elle reconnu ses droits, les rapports de l'Église et de l'État, le plus haut problème et le plus grand malentendu de ce siècle, sont-ils enfin réglés ? La foi est pour ceux-ci la vérité à adorer, pour ceux-là un fanatisme à combattre, pour les autres une force à manier ; presque tous se défient du libre cours des choses, ils réclament des lois qui, dès l'école, vouent Dieu à la protection ou aux mépris de la férule, par des faveurs ou des entraves exilent les associations religieuses du droit commun, et malgré elle courbent l'humanité devant un autel, ou mesurent dans quelles limites elle peut s'occuper d'un autre monde sans mettre en péril celui-ci. Sur ce terrain commun de la justice, où l'on ne pénètre qu'en sortant de soi-même, où l'on sait reconnaître les droits dont on souffre et borner ceux qu'on veut exercer, combien se rencontreraient? La division est-elle moindre en des matières où la foi n'a rien à voir? Quelle situation a faite à l'industrie cette Assemblée dont la moitié veut réunir tous les peuples par l'échange, dont l'autre moitié rêve d'élever à la frontière une muraille de tarifs, et d'y enfermer la production nationale, maîtresse et prisonnière sur son sol? Quel moyen ces mêmes hommes ont-ils découvert pour combler le déficit? Ceux-ci déclarent que l'impôt sur le revenu est seul équitable et le plus fécond, ils n'en voteront pas d'autre : ceux-là le proclament coûteux, inquisitorial, socialiste, c'est le seul qu'ils ne voteront pas. Sont-ils plus unis contre ce péril plus terrible encore qu'on nomme les questions sociales? Ont-ils démêlé ce qui est juste, chimérique coupable dans les revendications des prolétaires et gardé une juste mesure entre ceux qui, flatteurs des misérables, glissent sur la pente du droit au travail, et ceux qui, les jugeant trop libres, leur refuseraient presque le droit de ne pas travailler?

Cette incertitude cesse-t-elle sur les institutions fondamentales du pays, l'Assemblée est-elle d'accord même sur le suffrage universel dont elle est issue ? Sait-on s'il sera respecté, restreint avec hypocrisie par des conditions nouvelles d'âge et de domicile, supprimé ouvertement par le cens et l'établissement d'un second degré ? Est-ce au contraire dans des lois moins importantes que l'accord s'est réalisé ? Une réorganisation de la magistrature a été résolue : après de longs efforts, l'Assemblée a rejeté les divers changements, elle est réduite à l'état passé qu'elle proclame détestable. Une tentative de rétablissement du Conseil d'État a suivi avec même fortune, et les compromis intervenus ensuite n'ont produit qu'une loi mort-née. Enfin la liberté d'association a apparu à la tribune comme un nouvel exemple de cette impuissance, et si, combattue par les partis contraires, la loi n'a pas été dès lors condamnée, c'est sur ce mot dit à la majorité par un de ses membres : « Le moment est mauvais pour donner à croire que vous êtes incapables de préparer quelque chose de sérieux. » Ainsi, partout le rêve d'une entente a été démenti et l'impuissance des législateurs éclatante. Des mesures de transition sur les loyers et les échéances, une loi provisoire sur les municipalités, une sur les conseils généraux, une sur les tribunaux de commerce, voilà les grandes réformes où ils se sont accordés pour ranimer la vie et la puissance dans une nation jetée bas, et qu'il fallait relever de bloc. Envoyés pour sauver la France du chaos où elle était tombée, ils ont comme les dévastateurs antiques semé du sel sur les ruines, et n'ont porté la main sur toutes choses que pour les flétrir au contact d'une implacable stérilité.

Ce n'est pas assez qu'ils ne guérissent pas le pays, ils ne le laissent pas même souffrir en paix. Ce temps stérile pour la France a été rempli par les discordes politiques qu'ils avaient promis d'oublier.

A peine le pacte de Bordeaux était-il devenu la loi de l'Assemblée que déjà s'étaient reconnus, comptés, groupés les royalistes de toutes nuances et les républicains de toutes couleurs. A Versailles, durant ces deux mois où la Commune de Paris, prenant pour prétexte les dispositions monarchiques de la Chambre, avait déchaîné la guerre civile, chaque jour la majorité minait le pouvoir par ses déclarations et ses votes, chaque soir, dans des conciliabules, elle complotait la perte de la république, et c'est sur elle qu'au moment de la victoire, M. Thiers, irrité, laissait tomber ces paroles : « Attendez encore huit jours, la tâche sera à la hauteur de votre courage et de votre capacité. » Quand, après six mois de ces intrigues, il fallut affermir par un pacte nouveau le pouvoir ébranlé, tous les partis cherchèrent dans la Constitution du 30 août, non le maintien du provisoire, mais des armes contre lui : les uns la votèrent parce que le titre donné à M. Thiers semblait affirmer la république, les autres parce que le pouvoir constituant reconnu à l'Assemblée leur apportait l'espérance de faire la monarchie. Bientôt les tentatives de restauration sont devenues publiques : depuis, toute l'activité des royalistes a été en œuvre pour nouer entre leurs partis une amitié bien nouvelle, rédiger des manifestes, envoyer aux princes des ambassadeurs, et préparer la sainte ampoule qui sèche en attendant un roi. Et quand les négociations dernières se poursuivaient avec la Prusse, ces mêmes hommes au lieu d'aider par quelque sagesse à la délivrance du sol, démêlant dans ce grand acte la fin de leur pouvoir et la ruine de leurs projets, ont osé ourdir contre le gouvernement une dernière trame que n'excusait pas même la chance de réussir, dont les seules victimes pouvaient être les départements occupés, et ont trouvé le secret d'indigner l'Europe. Quels loisirs ont-ils de faire à la France des institutions, ces hommes si occupés à lui faire des maîtres? Dans quel parti affirmerait-on sur l'honneur avoir aussi souvent pensé à son pays qu'à sa faction? Monarchie, République, mots interdits, idées proscrites, on ne trouve que vous dans cette Assemblée, vous présidez à ses haines, à ses luttes, à son impuissance, vous avez fait mentir toutes les résolutions et vous êtes toujours sur les lèvres qui s'étaient crues assez sûres d'elles pour ne plus vous prononcer. La France épuisée a trouvé en place de repos toutes les fureurs de la lutte, et ceux que le noble blessé avait appelés à son aide, l'ont abandonné sur son lit de douleur, pour se disputer d'avance son héritage.

Tel est le mal. Quel est le remède?

Quand une politique est mauvaise, cela est dû à l'une de ces deux causes : ou le pouvoir qui ordonne ne sait pas commander, ou le pouvoir qui exécute ne sait pas obéir.

Est-ce le pouvoir exécutif qui est défectueux? Nombre de gens le disent. Les uns jugent qu'il n'est pas assez indépendant de la Chambre, les autres qu'il lui est trop subordonné. Pour tout sauver, les premiers veulent un cabinet plus homogène, les seconds un accroissement de prérogatives pour le chef de l'Etat. Tous deux se trompent.

Il est impossible de supposer un pouvoir exécutif plus subordonné au délibérant que le Gouvernement à l'Assemblée. Elle l'a créé, peut le renverser à chaque heure, pour un soupçon, sans cause. S'il résiste, ce n'est pas que les droits manquent à l'Assemblée, c'est que l'Assemblée manque à ses droits. Si la tyrannie de M. Thiers lui pèse, elle a mieux à faire que de s'en plaindre, c'est de la supprimer. Si de cela même elle se sent incapable, il n'y a pas de constitution capable de lui donner la force de vouloir, et sa faiblesse manifestée par son pouvoir même, apparaît d'autant plus grande qu'il est plus absolu.

Rendre le pouvoir exécutif plus libre, décharger M. Thiers de l'obligation de se défendre, et lui permettre d'asseoir une politique serait moins chimérique, mais plus dangereux. La réforme émanciperait-elle le gouvernement sans détruire la souveraineté de l'Assemblée? Elle créerait un état où le devoir d'obéir n'existerait pour personne, c'est-à-dire le désordre. Soumettrait-elle le parlement au chef de l'état? Elle créerait le pouvoir personnel. Sans doute, entre un politique en faveur et une Assemblée en disgrâce, la France ne sait guère prononcer au nom des principes contre sa propre passion, elle est trop impatiente du but pour être scrupuleuse sur les moyens. Mais le devoir est d'empêcher ces abdications, origine des servitudes durables. Au reste, les opinions militaires, économiques, administratives de M. Thiers sont contraires à l'opinion générale. S'il est populaire, c'est pour avoir, par une clairvoyance rare, passé, malgré ses affections, du camp royaliste dans le camp républicain. Or, s'il recevait assez d'autorité pour constituer la République, ce n'est pas seulement le pouvoir exécutif qui serait accru, mais le pacte de Bordeaux qui serait détruit. Et s'il devait respecter ce pacte, il resterait incapable d'accomplir ce que ses partisans attendent et armé seulement pour faire succéder, à une réorganisation absente, une réorganisation contraire aux vœux du pays.

Enfin, raison décisive, ce projet a été déjà rejeté par l'Assemblée. Quand la proposition Rivet demanda que la présidence de la République fût confiée pour trois ans à M. Thiers, elle préparait une révolution doucereuse et légale, mais véritable.

Assuré par la durée fixe de son pouvoir contre l'inconstance ou le mécontentement de l'Assemblée, pouvant lui désobéir sans qu'elle eût rien pour le dompter, si ce n'est l'arme extrême du refus de l'impôt, M. Thiers était le maître. Aux mains d'un homme aussi habile à user du pouvoir, à réduire un parlement par un travail souterrain de promesses, d'intimidation et au besoin de raison, trois ans n'étaient pas nécessaires pour faire un gouvernement. C'est cette pensée non exprimée, mais présente, qui fit dans le pays la fortune de cette proposition. On en connaît l'issue. La majorité sentant son pouvoir menacé le défendit au nom des principes. Comme preuve de la souveraineté qu'elle entendait garder intacte, elle refusa de donner à M. Thiers un pouvoir pour une durée fixe, consentit à l'appeler président de la république, mais après avoir déclaré que c'était la république de Bordeaux, provisoire, tolérée, « n'engageant à rien : » elle se décerna en échange de cet abandon illusoire le droit de constituer, et put inscrire sur la proposition ainsi énervée, cette dédaigneuse épitaphe qu'elle était « plus difficile à refuser que compromettante à accorder. »

Une modification moins compromettante encore satisferait certains hommes. Dans tout ce qui les entoure une seule chose les inquiète : l'âge de M. Thiers. Ils veulent, de son vivant, régler sa succession, et croient qu'un vice-président, jeune et de belle constitution, manque seul au bonheur public.

Une semblable mesure assurerait la durée de l'état actuel, elle n'en modifierait pas le caractère. Alors, comme aujourd'hui, les partis seraient égaux, les passions et l'impuissance semblables, l'œuvre de la régénération impossible, et cette vice-présidence, destinée à garantir le pays contre l'anarchie violente d'un interrègne aurait pour résultat de perpétuer l'anarchie douce où se consument les pouvoirs. Encore faudrait-il, pour conserver cette paix stérile, un héritier non-seulement du titre, mais de l'activité, de l'expérience, de la fortune de M. Thiers. Telle est l'immuable faiblesse des gouvernements où ne règnent pas des institutions : la nation tout entière est alors suspendue au souffle d'un homme, s'affaiblit par ses fautes, et peut périr de sa mort s'il ne revit, lui-même, en un successeur son égal. Où trouver aujourd'hui ce politique assez haut dans l'estime de la France et de l'Europe pour n'être pas inférieur à sa tâche, si connu pour sa loyauté que son parti ne songe pas à abuser de lui, ni les partis contraires à s'en défier, si ferme contre les factions que toutes le craignent, si attaché à la paix que son avènement ne soit pas considéré comme une menace? Il n'en est qu'un, M. Grévy. Encore son caractère et ses talents n'ont-ils point leur place dans un interrègne. Il manque de l'activité, de la souplesse et du scepticisme nécessaires à ce rôle, il est trop l'homme du droit pour être celui des transactions, et n'est pas de ceux qui au pouvoir précèdent mais appliquent leurs idées. Lui-même sent que pour rendre à son pays de véritables services il doit attendre, et il a maintes fois déclaré que, s'il acceptait le pouvoir, ce serait sous une République organisée et définitive.

Ainsi aucune modification dans le pouvoir exécutif ne peut apporter de remède à la situation présente : c'est donc dans le pouvoir législatif qu'il le faut chercher.

La cause de notre impuissance n'est pas en effet dans les hommes : elle est dans la politique adoptée par l'Assemblée, dans ce pacte de Bordeaux également incompréhensible en théorie et inexécutable en pratique.

L'erreur a été de réduire les questions constitutionnelles à une question de forme dans le gouvernement, et comme telles de les éliminer du présent, de les mettre à la suite. Non, la Monarchie et la République ne sont pas seulement dissemblables parce que l'une donne à la volonté nationale l'inaliénable choix du pouvoir exécutif, et que l'autre le dépose dans une famille où la mort seule est grand électeur. Ce n'est pas pour un si mince objet que tant de générations ont espéré, combattu, souffert jusqu'à l'effusion de leur sang. La Monarchie et la République sont deux sociétés, qui animent la nation entière d'une vie différente et se reflètent dans toutes les lois. Ni l'égalité civile, ni les droits politiques, ni la religion, ni le régime des biens ne peuvent être organisés dans l'une comme dans l'autre. Elles sont un ensemble dont chaque institution n'est qu'un détail. Le premier devoir d'hommes publics, dans un pays assez malheureux pour n'avoir pas encore fixé son choix, est donc de résoudre s'ils travaillent à une société monarchique ou à une société républicaine. Faute de ce faire, ou ils organisent sans but, et leur œuvre hasardeuse et confuse, monarchique par une loi, républicaine par l'autre, est mauvaise par toutes; ou en majorité acquis à l'un des régimes, ils le préparent dans chaque vote, constituent chaque fois qu'ils réorganisent et marchent par un chemin couvert aux institutions réservées. Pourquoi alors des législateurs mettant à faire un gouvernement autant de mystère que des conjurés à le détruire? Se hâtent-ils pour que le jour où la constitution sera débattue, le pays cède au fait accompli et donne un couronnement nécessaire à une société déjà formée? Ils jouent le peuple. Sont-ils trop loyaux ou trop faibles pour empêcher que, leur régime préparé, la France choisisse un régime contraire, et après tant de jours et d'habileté perdus, jette bas d'un mot cette réorganisation? Ils se jouent eux-mêmes.

Mais quand la monarchie et la république différeraient uniquement par la forme du pouvoir exécutif, réorganiser avant de constituer demeurerait une chimère. Il ne suffit pas qu'une doctrine respecte la logique, il faut qu'elle respecte la nature humaine. Le pacte de Bordeaux demande à tous les partis d'abdiquer, de retarder ce qu'ils estiment urgent, d'oublier ce qu'ils croient nécessaire. Il fait du dévouement une institution : cela le condamne. Le dévouement est dans les affaires publiques un accident heureux dont il faut profiter, mais qu'on ne doit jamais attendre. C''est en vain que la raison commande des sacrifices : si la raison est, comme on l'a dit, reine du monde, c'est une reine constitutionnelle, elle règne, mais ne gouverne pas. Les maîtres obéis de l'humanité sont ses passions. Le mieux n'est pas de les supprimer, mais de s'en servir, et n'en contenter aucune, c'est les avoir toutes contre soi. La religion peut imposer aux peuples des sacrifices, la politique ne les conduit qu'au nom du succès. L'Église même, aux jours de sa toute-puissance, n'osa jamais proposer aux âmes qu'elle dominait absolue un si complet renoncement. Quand les guerres civiles de la féodalité, plus sauvages, non plus dangereuses que les nôtres, ensanglantaient la France, l'Église n'essaya pas d'imposer la paix : si puissante qu'elle fût, elle y aurait échoué. Elle proclama la Trève de Dieu qui, sur sept jours, en abandonnait quatre aux vices du temps. Et pour tarir la source ainsi diminuée des discordes, elle ne fit pas jurer à des ennemis une réconciliation chimérique, elle éteignit leurs haines dans une haine plus forte ; elle aiguisa leurs épées qui ne pouvaient rentrer au fourreau, et les entraînant au glorieux tombeau des croisades, assura mieux la paix par leur mort que par leurs serments.

Donc il faut dénoncer une trève qui est un

mensonge et choisie entre la monarchie et la république.

L'Assemblée est-elle capable de faire la monarchie ?

Oui, si les deux factions monarchiques sont capables de fusionner. La fusion serait un accord entre les partisans de Bourbon et d'Orléans, sur la personne du roi et sur l'esprit de son gouvernement.

S'il s'agissait uniquement d'ordonner les ambitions des princes rivaux, de résoudre qui d'eux aura le trône et qui le tabouret, cela serait possible comme un partage de butin; mais les légitimistes et les orléanistes sont les seuls qui ne puissent, sans se désavouer, mettre la main à pareille œuvre. Qu'est-ce que le droit légitime? L'occupation du trône par droit de naissance, jusqu'à extinction de race. Ou les d'Orléans sont en ordre utile, et alors un traité est superflu pour leur assurer la couronne : ou ils ne sont pas appelés, et l'encre d'aucun traité ne peut faire un sang royal. Qu'est-ce que le droit orléaniste? Le sacre d'une famille par la volonté nationale, et son règne jusqu'à un vœu contraire. Ou la volonté manifestée en 1830 ne s'est pas démentie, alors la branche aînée, contre qui la révolution s'est faite, a perdu ses titres, ceux de la branche cadette seule sont valables : ou la volonté nationale est incertaine, alors ni Bourbons, ni Orléans n'ont d'avance le droit d'associer par des conciliabules une fortune que le pays a déjà séparée, qu'il peut encore vouloir différente à chacun, s'il ne les unit dans un oubli définitif. Que de ces deux partis, aucun n'ait assez de puissance pour s'imposer, ni de foi pour attendre, qu'ils songent à s'unir, cela prouve seulement que, s'ils aiment encore la monarchie, ils ont cessé de la comprendre. La force humaine ne peut plier l'un vers l'autre des principes contradictoires, elle ne saurait que les briser tous deux. C'est là l'œuvre de la fusion. Le jour où elle aurait réussi à combiner les droits de la naissance et ceux de la conquête, où le comte de Chambord et les princes d'Orléans, signant au contrat de leurs droits, traîneraient derrière eux leurs factions désormais confondues, la légitimité et l'orléanisme seraient morts, et à leur place régnerait sur le trône de France la loi salique des compromis.

Mais ce qui sépare les royalistes n'est pas seulement la diversité des monarques, c'est surtout la diversité des politiques. S'imagine-t-on que la Révolution de 1830 eut pour but d'ôter la couronne à Charles X et d'en coiffer Louis-Philippe? Qu'importaient aux combattants ces deux personnes de rois? Mais en Charles X vivait l'ancien régime : voilà ce qui fut attaqué et défendu avec passion, et si les vainqueurs allèrent prendre un chef sur les marches du trône, leur dessein fut de choisir l'homme au monde le plus compromis par la dépouille de ses proches, le plus intéressé à leur exil, le plus perdu par leur retour et de mettre la liberté, pour la rendre durable, sous la sauvegarde d'une haine de famille. Aucune de ces passions n'a abdiqué. Le parti légitimiste n'a pas cessé d'appeler 1830 une spoliation, de rêver un roi patriarcal, de vouloir une religion d'État. Le parti orléaniste n'a pas cessé de protester contre l'insolence du droit divin, d'appeler 1830 une délivrance, de réclamer le gouvernement soumis, pacifique, voltairien et riche dont il fit dix-huit années ses bourgeoises délices. Ces deux gouvernements peuvent-ils se confondre? Verra-t-on un Henri V, se détachant de sa race, tirer sa légitimité de l'émeute qui chassa son aïeul, jouer au roi constitutionnel, subir les ordres de ce tiers-état dont les ancêtres suppliaient les siens à genoux, et sur l'avis de robins respecter la liberté des consciences, tolérer l'impiété, abandonner le pape? Il ne sera qu'un Bourbon descendu à l'orléanisme. La noblesse, le clergé, tout ce qui le soutient aujourd'hui, travaillera infatigablement à sa chute. Est-ce un comte de Paris qui voudrait parler des droits de sa race, s'attacher à la politique traditionnelle, gouverner son peuple au nom d'une autorité supérieure, s'entourer de sa bonne noblesse, et faire régner le syllabus à l'ombre du drapeau blanc? Il ne sera qu'un d'Orléans masqué en légitimiste. Les parlementaires, qui intriguent aujourd'hui pour lui donner le trône, n'auraient pas de repos qu'ils ne l'en eussent jeté bas.

Cela est si apparent à première vue, que les promoteurs de la fusion, n'ont pu croire à son succès : leur intelligence proteste contre leur sincérité. La fusion n'a été qu'une manœuvre orléaniste. Il s'agissait pour les princes cadets de présenter à leur aîné, comme faite, cette réconciliation des deux branches de la maison de France, d'étouffer toute discussion politique dans les embrassements et les génuflexions, de gagner par l'ostentation de ces respects cet exilé trop éloigné des hommes pour être défiant, trop haut d'âme pour être ambitieux, de surprendre son cœur avant le réveil de sa raison, de lui inspirer, au nom de son inexpérience, de son repos, de la paix publique, la terreur ou le dégoût du pouvoir, de lui reconnaître tous les droits qu'il serait disposé à abdiquer, et de lui remettre la couronne pour la recevoir de ses mains. Tels les prêtres antiques avaient inventé des divinités commodes qui se contentaient de la fumée des victimes, et abandonnaient les chairs saintes aux sacrificateurs.

Le comte de Chambord a dissipé l'équivoque. Aux avances il répond par un premier manifeste, expose ce qu'est une royauté légitime, l'inflexible devoir qu'elle trace à ses dépositaires, et il ouvre ses bras aux princes comme un père qui pardonne à des rebelles qui se soumettent. La fusion est frappée de ce coup de lumière, mais l'ambition guérit toute blessure, et les pourparlers recommencent. C'est alors qu'Henri V veut arrêter, par l'éclat du sacrifice, les réconciliations avec réticences : il arbore, en face des couleurs nationales, le suaire blanc des siècles passés. Les princes d'Orléans reculent encore, mais ils peuvent s'aviser qu'on s'engage pour monter au pouvoir, qu'on oublie pour s'y maintenir, et que si Paris a valu une messe, la France vaut un drapeau. La légitimité veut des sûretés plus grandes ; son représentant dit : « Je n'abdiquerai pas. » Ainsi, il exige la soumission sans réserve à sa politique, et affirme sa volonté d'occuper le trône. Tout se rompt cette fois : ses chances ne sont pas assez sûres ni sa mort assez proche pour que les d'Orléans fusionnent. Le duc d'Aumale même brise solennellement les liens que l'intrigue avait noués entre les deux maisons et salue à la tribune française les trois couleurs de son « drapeau chéri. » De tant d'efforts et d'espoirs, une trace seule est restée. Les monarchistes des deux branches sont parvenus à prouver leur unité en redigeant deux programmes distincts, et leur succès à été tel que divisés auparavant en trois réunions, ils en ont depuis formé quatre.

L'Assemblée est-elle plus capable de faire la République ?

Nombre de gens le croient et par là prouvent un singulier mépris pour la majorité ou une étrange confiance dans son abnégation. Divisée sur tout le reste, elle a pour dogme commun que la royauté seule peut sauver la France, ils lui présentent la République. Elle ne peut même la supporter provisoire, ils prétendent l'obtenir d'elle définitive.

S'ils échouent, ils compromettent à la fois la République et la paix; s'ils réussissent, ils auront décidé l'acte, encore inconnu dans l'histoire, d'un corps politique se sacrifiant lui-même et instaurant en liberté le régime qu'il déteste le plus. Mais quelle amélioration apporterait le vote de la République, et ne serait-il pas vrai de dire : Rien n'est changé en France, il n'y a qu'une constitution de plus?

Les gouvernements se fondent non le jour où on les proclame, mais le jour où on les pratique. Le mot de République n'est rien : seules les institutions qui l'accompagnent en font une vérité ou un mensonge. Or, à qui appartiendra de décider ces institutions? A une majorité d'hommes aujourd'hui légitimistes et orléanistes. Cesseront-ils d'être tels, parce qu'ils auront voté la République? S'ils ne changent pas, comment leur politique changerait-elle, et si elle demeure la même, à quoi sert la proclamation? Pour que la politique soit modifiée, il faut ou que ces cinq cents hommes, en dépit de leurs convictions, abandonnent les affaires à deux cent cinquante députés de la gauche, ou que l'esprit républicain, subitement descendu sur ces disciples, ouvre d'un trait de feu leur intelligence, et leur donne la force de briser malgré la chair et le sang, les idoles monarchiques. Lequel est le plus invraisemblable? Enfin, l'une ou l'autre conversion fût-elle possible, elle demeurerait stérile : la France n'y croirait pas.

Quand le peuple veut juger une politique, il est

rare qu'il l'examine en elle-même. Il regarde quels hommes y travaillent, et c'est sur leur visage qu'il juge leur œuvre. De là ces divinations extraordinaires, qui parfois lui révèlent d'avance l'insuccès de tentatives où la plus rigoureuse raison ne trouve rien à reprendre, de là ces aveuglements grossiers qui lui voilent les chimères ou les crimes de ses favoris. Or, la règle pour lui est que tout homme est voué à une seule politique : quiconque en change devient suspect, et plus la contradiction est profonde et rapide, plus la défiance du peuple augmente. Quelles seront ses pensées lorsque, regardant les auteurs de la République, il reconnaîtra dans les uns les conseillers du comte de Chambord, dans les autres les fidèles de la famille d'Orléans, dans ceux-ci les signataires des programmes monarchistes, dans les deux tiers enfin les ennemis jusque là fanatiques des institutions républicaines? Il croira que ces hommes font la République parce que leur royauté n'est pas prête, mais qu'ils nourrissent des regrets et ne se résignent pas pour toujours; qu'incapables d'appliquer leur système, ils ont résolu d'empêcher tout autre de réussir; qu'ils ont à ce gouvernement, à dessein détestable, imposé le nom du régime plus populaire, et qu'ils veulent traîner de chute en chute jusqu'aux pieds du trône, la France dégoûtée de la République avant de l'avoir connue.

Vraie ou fausse cette conviction suffirait à écarter toute confiance. Nul parti n'oserait plus qu'aujourd'hui, ni dormir, ni quitter ses armes. Comme une royauté ne peut être fondée que par des monarchistes, la république doit être fondée par des républicains. Ce n'est pas qu'à ces monarchistes soit réservé l'exil à l'intérieur, ils ont des vertus sociales qui leur marquent dans l'État une place et une influence ; mais quand il s'agit de créer un gouvernement, de lui donner ses institutions politiques, la raison exige que l'œuvre ne soit pas confiée à ses adversaires déclarés.

Ainsi l'Assemblée ne peut ni rendre meilleur le provisoire, ni en sortir. Issue du plus grand désastre qu'ait vu ce siècle, chargée d'un devoir si saint que pour l'accomplir la vertu semblait naturelle et tout sacrifice facile, armée d'un pouvoir que la Convention seule posséda, mais dès son avènement vaincue par un impitoyable ennemi, elle-même, divisée en partis irréconciliables, ne sachant ni en détruire, ni en adopter aucun, et campée sur les ruines de ce qui fut la France, non pour les reconstruire mais pour se les disputer, ainsi faite qu'on pouvait attendre d'elle un seul service, l'inaction, mais ayant la fureur de gouverner, estimant indigne d'elle ce qu'elle eut réussi à accomplir, ardente seulement aux débats sans issue, éprouvant chaque jour son impuissance sans s'y résigner, irritée contre tous de ses fautes, réduite à cet état, le pire de tous, où l'on a perdu l'illusion sans trouver le remède, et, comme le condamné de la fable, soulevant sans cesse pour le voir retomber toujours le poids de ses vains désirs, l'Assemblée nationale témoigne par un déplorable exemple que l'honnêteté, le talent, le patriotisme animent vainement les hommes si l'union les abandonne, et, dans un temps où les malheurs publics semblaient à leur comble, a prouvé par sa présence qu'ils pouvaient encore grandir.

IV

Si l'Assemblée représente exactement la France, la situation est sans remède. Si l'Assemblée ne représente pas la France, il faut que la volonté nationale ne soit pas plus longtemps étouffée.

Or, il suffit d'examiner le pays pour être saisi par un mélange d'admiration et de colère ; on s'étonne de ce qu'il aurait pu faire, on frémit du temps qu'il a perdu, on s'indigne de l'aveuglement ici feint, là sincère, partout déplorable avec lequel des hommes en son nom, le compromettent, le perdent peut-être, et cette vérité éclate : Quand la France nomma l'Assemblée, elle ne la connaissait pas ; depuis qu'elle la connaît, elle la condamne.

Les monarchistes affirment que la France est avec eux, ils donnent pour preuve que la France les a élus.

Sans doute, quand une doctrine a publiquement attesté son existence et son but, ses champions deviennent une politique vivante que le scrutin accepte ou condamne, et quand ils sortent victorieux de l'épreuve, ils ont droit de parler au nom de la France. Mais lequel de ceux qui préparent la monarchie a demandé mandat de la fonder? Pour l'honneur de la vérité, les engagements du 8 février ont laissé des traces, et avant de perdre la mémoire, les gentilshommes avaient signé. Tel, aujourd'hui courtisan d'un prince, a sa foi républicaine encore affichée sur les murs, et a moins longtemps respecté sa promesse que le vent et la pluie n'ent ont épargné le fragile témoin. Pas un de ceux qui, après coup et de Versailles, attestent le sentiment royaliste de la France n'a osé crier : Vive le roi! dans sa province, et les plus fiers courages ne se sont pas haussés au delà du silence. Casuistes et interprètes peuvent torturer toutes les circulaires, ils ne feront pas suer à toute cette encre le nom d'un prétendant.

Certains hommes n'ont pas besoin d'exposer leur programme, et le peuple, en les portant muets au pouvoir, peut affirmer une politique. Ce sont des hommes dont la vie parle tandis qu'ils se taisent, que de hautes charges, des ouvrages célèbres ou la fortune des événements ont mis en lumière, et dont l'existence mêlée aux affaires fait un avec l'histoire, et est connue comme elle. Mais la majorité de l'Assemblée se croit-elle de cette race? Si oui, il n'y a qu'une réponse à lui faire, décisive, mais cruelle, c'est lire ses noms. Ces élus admirent l'instinct populaire, dont ils tiennent leur mandat : ils ont plus raison encore qu'ils ne croient. Si l'instinct populaire a démêlé dans de tels hommes des restaurateurs du trône, il a donné de sa pénétration le plus éclatant témoignage, et il n'y a pas de plus grande merveille que cette foi secrète à l'égal d'une conjuration, liant une nation muette à des monarchistes inavoués.

Il y a, il est vrai, des heures où l'autorité des personnages et des engagements perd son importance ; où le peuple, par un mouvement spontané, repousse la main des politiques qui d'ordinaire guide la sienne, et seul trace sur la pierre des constitutions le gouvernement qu'il lui faut ; où devant une volonté irrésistible, l'obéissance étant certaine, peu importe quels greffiers dresseront l'acte ; où les plus obscurs peuvent être choisis à dessein, pour que soit mieux en lumière le rôle souverain de la nation. Les monarchistes se diront-ils les messagers d'une telle heure ? Mais on leur demande quel nom acclamait ce peuple unanime, et ils répondent les uns Chambord, les autres Aumale, les autres Paris, et par là se font justice.

Oui, le 8 février la nation fut unie dans une volonté commune, mais ce n'était pas une volonté de gouvernement.

Les élections deux fois annoncées sans exciter de passion politique, avaient été dès octobre indéfiniment ajournées. Une pensée dominait tout : la guerre. Mois sinistres, où l'on ne peut dire s'il se verra plus de sang ou plus de larmes, où la jeunesse française, décimée sur les champs de bataille, avait encore la plus belle part, où le reste de la nation sans travail et sans ressources, regardait la faim venir et ses enfants tomber, où les plus rassurantes nouvelles, impuissantes à dissiper les angoisses, leur fixaient seulement une autre date, et où chaque coup de la mort frappait tant de vies en une seule ! Les suprêmes efforts commençaient. Une loi venait d'appeler sous les armes les hommes mariés. Eux partis, il n'allait pas rester un foyer où la guerre n'eût pris sa victime. Mais les places n'y demeuraient pas longtemps vides ; l'ennemi était là pour les occuper. Renversant les remparts humains qui s'opposaient à son passage, le flot germanique s'étendait toujours. Déjà quarante départements isolés du reste de la France étaient comme des îles dans un océan de barbares. C'est alors que l'armistice fut signé et en huit jours les élections faites. Et dans ces circonstances, le premier mot échappé de ces poitrines eût été : Vive le roi ! Qui donc l'aurait poussé? Étaient-ce ces soldats sans souliers et sans pain, dispersés sur le territoire? Étaient-ce ces chefs de famille, captifs dans leur propre demeure et qui redoutaient pour leurs femmes et leurs filles les brutalités de l'étranger? Étaient-ce ces paysans qui voyaient vider leurs étables, charger sur les chariots de l'envahisseur leurs récoltes, et disparaître en un jour les épargnes tombées goutte à goutte de leur front avec la sueur de leur travail? Étaient-ce même ceux qui, préservés de ces maux, les sentaient suspendus, et se savaient à deux, dix ou vingt jours de marche de la ruine, et peut-être de la mort? Voilà le peuple qui, cherchant la chose la plus nécessaire, la plus urgente, aurait poussé vers la monarchie le cri unanime du 8 février! Le soutenir est calomnier l'âme humaine. Ceux qui ce jour-là votèrent, ne défendirent pas une politique, mais leur existence. Ils voulurent le salut pour leurs enfants, le respect pour leurs foyers, la liberté pour leur travail. La France répéta comme le Dante à travers les ruines désolées des cités italiennes : « La paix, la paix! Qui nous donnera la paix? » Elle vit des hommes dont le patriotisme aimait mieux affronter l'impossible que la honte, et qui menaçaient encore l'ennemi d'un tronçon d'épée. En eux elle repoussa la guerre. Elle en vit d'autres qui après avoir vaillamment lutté mettaient bas les armes. Elle connaissait leurs vertus domestiques et leur honneur traditionnel, elle leur tendit les bras. Tel fut le vote du 8 février 1871.

Cependant la monarchie semblait en possession de l'avenir, non par sa propre force, mais par l'abdication de ses adversaires. L'Empire était enseveli dans le mépris public. La République après avoir promis l'ordre, la liberté, la puissance, succombait sous la dictature, la défaite, la guerre civile. Les royalistes s'acharnèrent sur le cadavre comme s'ils craignaient un reste de vie. Tout ce qui pouvait déshonorer sa mémoire, abus de pouvoirs, désordre d'argent, durée de la guerre, lourdeur de la paix, tout fut recherché, dénoncé, augmenté ou inventé par une haine toujours agissante. La tribune devint contre la République un banc d'accusateurs, d'innombrables enquêtes lui donnèrent pour juges ses adversaires, la presse de province et une masse de petits écrits répandirent partout sur elle cette défaveur qui survit au soupçon même non fondé. A ces sombres images on opposait la monarchie. Aux patriotes pleurant les revers on rappelait sa gloire, aux esprits las de leur propre inquiétude la simplicité de son dogme, aux effrayés pour leur vie ou leur fortune des agitations publiques sa calme perpétuité, aux consciences religieuses la place faite par elle à l'Eglise, enfin à la nation affamée d'honnêteté ce parti montrait ses mains restées pures parce qu'elles étaient restées oisives, et, triomphant de n'avoir rien fait, réclamait le pouvoir.

Cette croisade, commencée en février, dura jusqu'en juillet. Là, véritablement, les professions de foi furent faites, et la forme de gouvernement discutée devant un pays attentif. Après quatre mois de controverses, la France eut occasion de prononcer. Cent douze siéges étaient vacants à l'Assemblée, les élections se firent le 2 juillet 1871, cent républicains furent nommés.

Le résultat était d'autre importance que ce chiffre ne semble l'indiquer. Il n'y avait de renouvelé qu'un sixième de l'Assemblée; mais le vote avait été émis par quarante départements, plus de la moitié de la France. C'était la même portion d'électeurs qui avait, en février, envoyé à la Chambre plus de quatre cents élus; bien qu'en juillet elle n'eût voté que sur cent, elle avait, moralement, prononcé sur tous les autres, manifesté une volonté indivisible. Par là, la signification des élections de février se trouvait précisée. Ou la France républicaine en juillet, était déjà républicaine en février, et les monarchistes n'avaient pu tenir d'elle le droit de faire un gouvernement : ou la France, monarchique en février, avait cessé de l'être en juillet, et combien cet aveu, nécessaire pour légitimer la conduite des royalistes, rendait leur défaite plus humiliante ! La nation, six mois accablée sous la République, s'était donnée à eux par désespoir, et à peine leur régime avait-il non pratiqué mais exposé ses principes, qu'elle oubliait les maux subis sous l'autre et demandait à être ramenée aux carrières.

De ce jour, en effet, l'attitude du parti monarchique change. Ceux qui avaient besoin de croire à leur force pour l'affirmer se taisent. Ceux chez qui la passion étouffe la vérité persistent seuls à se prétendre d'accord avec le peuple, et l'intrigue remplace la foi. Par une conséquence naturelle, le parti légitimiste jusqu'alors le plus important s'efface, et les orléanistes entrent en scène. On invoque toujours la volonté nationale, mais on songe déjà à se prémunir contre elle. On veut avoir les princes cadets à portée de la main; on demande, pour le duc d'Aumale et le prince de Joinville, élus malgré la loi d'exil, une validation qui, par un compromis puéril, déclare les princes députés, et leur interdit d'occuper leur siége. C'est alors que la majorité monarchique se déclare constituante, que, résolue à défendre sa puissance dans les départements, elle augmente les attributions des assemblées locales, qu'elle propose d'attribuer, au cas de dispersion de l'Assemblée, tous les pouvoirs à une délégation de ces conseils. Enfin, après avoir fait fracas des menées révolutionnaires et obtenu le désarmement des gardes nationales, elle juge l'instant venu d'assurer à son esprit politique un triomphe dans les provinces, et le pays est convié en octobre à élire les conseils généraux.

La manœuvre était habile. Deux pouvoirs se disputent le vote du peuple : les convictions et les influences, et il obéit aux unes et aux autres suivant qu'il est interrogé. Les idées se proclament quand chaque fraction du peuple consultée est assez étendue pour que les intérêts particuliers s'y neutralisent et que les situations locales s'y perdent, ou assez dense pour que, malgré ces obstacles, un mouvement commun d'opinion s'y puisse produire et propager. Tels sont le département et la commune. Les influences l'asservissent quand la fraction du peuple consultée se compose de groupes trop isolés les uns des autres pour qu'une vie commune les inspire, et assez restreints pour qu'une famille ou un homme les domine. Tel est le canton. La richesse et même l'honneur de leurs maisons donnaient aux monarchistes ces bourgs pourris des influences locales. La démocratie, modeste de fortune, dédaigneuse du reste de fonctions stériles, n'avait même pas tenté jusque-là d'en forcer les portes. Les monarchistes comptaient attribuer leur victoire certaine aux opinions royalistes du peuple, et user contre la République des pouvoirs subitement agrandis qu'ils avaient conférés aux assemblées départementales.

Le 8 octobre les élections ont lieu. Dans cinquante conseils les républicains obtiennent la majorité, dans tous les autres ils la disputent. Les plus fameux amis de la légitimité et de l'orléanisme nommés en février par des départements entiers, ne peuvent trouver pour leur politique asile dans un canton. Un second arrêt plus solennel que celui de juillet est prononcé contre l'Assemblée nationale, de toutes parts des adresses sont votées par les conseils, et toutes redisent ces fortes paroles du département des Vosges : « Il ne nous suffit pas qu'on essaie la République, nous voulons qu'on la fonde. »

Quand l'Assemblée se réunit en décembre, aucune illusion ne lui est permise, elle n'en laisse aucune au pays. Aux vœux républicains de la France elle répond par des tentatives désespérées de fusion monarchique. Elle refuse d'examiner les demandes de dissolution et de renouvellement partiel qui sont faites par la gauche, elle répond par la question préalable à celles qui lui sont adressées par des citoyens, elle défère au jury les offenses dirigées contre elle;

elle crée un nouveau délit, celui d'attaque à son pouvoir constituant, et par l'excès de l'inviolabilité qu'elle se décerne, donne la mesure de ses inquiétudes. On n'affirme avec fureur que ce dont on doute.

Des élections complémentaires se font en janvier : pas un monarchiste n'est élu, quatorze républicains reçoivent mandat de réclamer la dissolution. En février, dix journaux, dans des régions différentes, sont accusés : leurs outrages contre la Chambre sont incontestables ; leur passion républicaine semble une représaille contre les passions monarchiques de l'Assemblée : le jury acquitte tous les dix.

Hier encore on a pu mesurer quel mouvement emporte l'esprit public, et depuis le 9 juin, les colères de la réaction attestent l'importance de ce vote où l'on a vu tous les partis monarchiques coalisant leurs forces, les républicains se divisant sur des nuances, la république malgré cela victorieuse comme sans lutte, et partout préférés les hommes les plus hostiles au pouvoir de l'Assemblée.

Ainsi, le pays a sans cesse protesté contre ses mandataires. Tandis qu'ils se disputent le pouvoir, il a rassemblé en silence les débris de son unité. Il n'a pas perdu à gémir les heures qui ont suivi son désastre, les seules peut-être où il soit donné à un peuple de devenir meilleur, il les a passées à se juger. Au désastre il a répondu par un cri non de douleur mais de travail : des réformes ! Il a compris à la fois la grandeur des efforts qu'il devait faire, le peu de temps qu'il avait pour les accomplir. Détachée de tous les partis, une masse d'hommes s'est unie dans une pensée commune, et grâce à eux un peuple s'est retrouvé. Arrivé à cette foi la plus solide, qui est la désespérance de tout le reste, ce peuple a été conduit à la République pour avoir pratiqué toutes les monarchies. Et ce mot de république n'est pas une vague formule couvrant d'un même nom des idées contradictoires : le pays est descendu au fond de ses désirs, et pierre à pierre a élevé le monument des aspirations nationales. Dans le chaos d'une société à refaire, il a cherché les institutions de l'avenir : parmi elles, il s'est attaché à quelques-unes que son sens pratique lui révélait les plus urgentes, et sur celles-là il est le plus d'accord. Les entretiens du paysan, les déclarations de la presse, les actes des communes, les vœux des conseils généraux concordent, et une clameur vraiment nationale exige trois choses : l'éducation donnée à tous, le service obligatoire, l'impôt sur le revenu. Ce n'est pas encore cette unité parfaite, qui donne au peuple entier une seule voix, les divisions et les abaissements du passé laissent sur le présent leur empreinte, mais c'est un accord puissant qui, dans une nation désagrégée par la contradiction ou l'absence de doctrines, a réuni une majorité autour de certaines idées. Cette majorité veut la République, et elle sait comment donner à la Répubique des finances, des armées, des hommes.

V

Incapable de gouverner, désavouée par la France, l'Assemblée doit disparaître.

Le renouvellement doit-il être intégral, doit-il être partiel?

Le renouvellement partiel, longtemps le plus en honneur, a eu la fortune de toute demi-mesure dans un temps où l'on ne sait plus vouloir. Il est aussi goûté pour sa vertu propre, cette mobilité régulière qui fait circuler dans un peuple la vie sans la fièvre, et apporte l'expression de sa volonté par une alluvion pacifique et non par des débordements soudains.

Ces raisons pourraient être décisives s'il s'agissait, dans le calme du présent, de régler l'avenir et de déterminer, par principes, avec nombre et mesure, le mode le plus parfait d'élections. Avons-nous le loisir d'être si justes? La France n'a pas de gouvernement. C'est pour lui en donner un, que des élections sont nécessaires. Dès lors le meilleur système est celui qui le plus vite créera une majorité conforme à la volonté du pays.

Le renouvellement partiel fera-t-il une majorité?

On sait que les trois partis légitimiste, orléaniste et républicain se partagent assez également l'Assemblée. Admettons qu'il n'y ait pas en France d'autres partis, et que le sort équitable soumette, dans chacun de ces trois groupes, un nombre égal de membres à la réélection.

Soit un renouvellement par moitié : l'Assemblée comptant 738 membres, 369 sortent, chacun des groupes est réduit à 123 membres. Pour qu'une majorité, c'est-à-dire 370 députés au moins, soit acquise à un gouvernement, il faut qu'à un quelconque de ces trois groupes s'ajoutent 247 adhérents. Un seul parti doit donc obtenir plus des deux tiers des siéges vacants. Si la coalition des autres partis obtient un tiers des voix, l'Assemblée reste sans majorité, et tout gouvernement impossible.

Soit un renouvellement par tiers : 246 membres sortent, chaque groupe est réduit à 164 membres. Pour qu'une majorité se forme, il faut qu'à l'un d'eux s'ajoutent 205 des nouveaux élus. Un seul parti doit donc obtenir les cinq sixièmes des voix. Si la coalition des partis contraires réunit plus d'un sixième, l'Assemblée demeure sans majorité et tout gouvernement impossible.

Soit un renouvellement par quart : 184 membres sortent, chaque groupe est réduit à 185 voix. Pour qu'une majorité se formât, il faudrait qu'à un de ces groupes se joignissent 185 partisans nouveaux. Or, il n'y a que 184 députés à élire. L'unanimité des voix fût-elle acquise à un parti, l'Assemblée reste sans majorité et tout gouvernement impossible.

Et si, par surcroît, il y a dans le pays une ou

plusieurs opinions non représentées dans l'Assemblée, si une partie des élus, au lieu de se rallier à l'un des régimes en présence, plante en face d'eux le drapeau d'une faction rivale et nouvelle, le renouvellement partiel n'aura-t-il pas rendu plus graves les embarras du pays ?

Soit au contraire le renouvellement intégral. Pourvu qu'une opinion réunisse la moitié plus un des nouveaux élus, la fondation d'un gouvernement est possible. Les factions adverses peuvent régner sur l'autre moitié ; assez fortes pour affaiblir le pouvoir, elles ne sauraient l'empêcher de vivre.

Mais il ne suffit pas qu'une majorité se forme, il faut qu'elle représente l'opinion vraie du pays.

Pour que cette sincérité existe, deux choses sont nécessaires : que tous les ayants-droit aient voté, que ce vote leur ait permis d'indiquer leur pensée entière. Or le renouvellement partiel viole nécessairement l'une ou l'autre de ces conditions, et il se peut qu'il les viole toutes deux à la fois.

Il y a deux modes de renouvellement partiel : ou tous les départements de France votent et réélisent chacun une partie de ses mandataires, ou une partie des départements vote seule et réélit sa députation en entier.

Si tous les départements votent, mais ne se prononcent que sur une partie de leurs mandataires, la première condition de sincérité existe, la seconde fait défaut. Quand le département par un même acte a nommé sa députation, elle devient un tout indivisible. Chacun des élus isolé n'exprime pas plus la volonté du pays qu'un mot ne suppléerait à la phrase dont il serait détaché. Chacun d'eux représente des passions, des idées, des intérêts différents, parfois contradictoires. L'ensemble seul permettant de juger les divers mobiles qui ont inspiré le pays et leur puissance relative révèle sa pensée exacte. Plus le nombre des députés à nommer est considérable, plus ces multiples volontés trouvent une représentation facile. Mais si une partie de la députation est seule renvoyée devant le suffrage des citoyens, ces intérêts trop nombreux pour être tous représentés, se disputent la place, triomphent les uns aux dépens des autres, et plus le nombre des réélections est restreint, plus l'expression de la pensée publique est incomplète ou fausse. Pourquoi veut-on le renouvellement partiel? Pour consulter le pays sur un objet spécial : la forme du gouvernement. Ce serait bien, si le hasard intelligent renvoyait devant les électeurs tous les députés nommés pour leurs doctrines politiques. Mais les hommes en qui s'est affirmé un principe de gouvernement peuvent échapper à la réélection. A leur place peuvent y être soumis des hommes qui représentent des influences ou des besoins étrangers à la politique. Si ces influences ou ces besoins persistent, il est vraisemblable que ces hommes seront confirmés dans leur mandat, et comme le peuple ne considère pas en eux leurs opinions gouvernementales, il n'y a rien d'impossible que ces opinions soient contraires aux siennes. Ils n'en prononceront pas moins au nom du peuple sur les destinées de la France.

Si une partie seulement des départements réélit sa députation intégrale, la seconde condition de sincérité existe, la première fait défaut. Pourquoi la moitié, le tiers, le quart de la France imposerait-il ses résolutions à la France entière? Est-il sûr même que sur ce champ restreint, la lutte entre les partis soit égale? Les légitimistes, les orléanistes, les républicains ont-ils été sur tous les points du territoire nommés à proportions semblables? N'y a-t-il pas une géographie des opinions, et les départements n'ont-ils pas presque tous donné un triomphe exclusif à une seule des factions? Est-il hors du possible que les députations à renouveler appartiennent pour la plupart au même parti? Ce parti n'aura-t-il pas alors la singulière fortune de ne pouvoir rien gagner et d'être exposé à tout perdre, tandis que les autres courent la chance de grandir en nombre, et au pis-aller sont sûrs de demeurer comme ils sont?

Mais renouveler l'Assemblée ne suffit pas, il faut la réduire. Sept cent cinquante hommes ne sont pas une assemblée, mais une foule avec ses mouvements extrêmes, contradictoires, stériles. Cinq cent législateurs suffisent. Comment en supprimer deux cent cinquante dans un renouvellement partiel? Espère-t-on trouver aux jours où nous sommes, tant de Décius? Un désintéressement extraordinaire les disposât-il à ce sacrifice, le devoir le leur interdit : chacun d'eux n'est pas un possesseur de titre, mais un otage d'idées, il ne peut disparaître s'il n'est remplacé. Faudra-t-il renoncer à cette réduction? C'est renoncer à la condition même de l'ordre. Enverra-t-on devant le peuple cinq cents députés s'y disputer deux cent cinquante siéges? Équitable partage entre ces victimes de la mesure et ceux qui ne perdront rien de leurs droits! Libre souveraineté de ce peuple réduit à condamner moitié de ceux qui se présentent et peuvent avoir tous sa confiance, et à respecter ceux qu'il éliminerait et qui ne se présenteraient pas! Et si, pour de tels résultats, les deux tiers du Parlement sont mis en question, pourquoi ne pas enlever tout au hasard, en remettant tout au peuple, pourquoi interdire à la France de prononcer un arrêt où nul ne fasse défaut?

Les circonstances présentes n'aggravent-elles pas les vices du renouvellement partiel? Est-il une opinion capable de rallier aujourd'hui l'unanimité des suffrages, ou de ne laisser à toutes ses rivales ensemble qu'un tiers ou un sixième des voix? Que, dans un pays si ébranlé par les discordes, une doctrine équilibre à elle seule toutes les autres, n'est-ce pas un assez difficile triomphe? La France est-elle assez riche de temps et de forces pour se prêter aux expériences, se contenter de remèdes à petite dose, et après l'insuccès d'un premier renouvellement attendre qu'un second, troisième ou dixième fasse une majorité dans deux, quatre ou dix ans sans manquer? Si l'Assemblée actuelle ne représente plus le pays, souscrire à sa réélection par quart, tiers ou moitié, n'est-ce pas proclamer légitime le gouvernement fait par une Assemblée dont la moitié, les deux tiers ou les trois quarts ne représentent pas le pays? Se contrediraient-ils à ce point ceux qui ont refusé de reconnaître à l'Assemblée le pouvoir constituant? Dans un corps politique sans droits, suffirait-il de changer une minorité pour conférer à la majorité le droit qu'elle n'avait pas? Contraint d'opter entre le maintien de l'Assemblée et le renouvellement partiel, on pourrait, pour pallier le mal, accepter le dernier, mais le choisir par préférence, c'est aller au péril par le faux. Dans la dissolution seule se trouve le remède. Elle n'est ni une arme de colère, ni un effort d'impatience, mais l'application de cette loi mathématique : la constitution d'une majorité dans une assemblée divisée est rapide et sincère en raison directe du nombre des membres soumis à la réélection.

VI

Les adversaires de la dissolution déclarent qu'elle serait un péril au dedans et au dehors.

Ils invoquent d'abord la sécurité intérieure, s'épouvantent de la force des partis extrêmes et ne veulent pas engager une lutte où l'ordre pourrait succomber.

Sans doute ce serait le suprême malheur que la France tombât aux mains de la démagogie. Et si la ruine commune où tous seraient alors enveloppés est particulièrement redoutable à un parti, c'est au parti républicain. Camille Desmoulins écrirait encore aujourd'hui comme il l'osa faire au fort de la terreur : « La plus dangereuse des contre-révolutions est la contre-révolution en bonnet rouge. »

Sans doute encore, des hommes rêvent à l'heure présente cette contre-révolution. Leur République est un gouvernement que la nation n'a pas besoin de vouloir, qu'il lui est défendu de détruire, que chacun a le droit d'imposer. Plus fermée que nulle monarchie, cette République n'appartient pas à tous, elle est réservée à certaines mains et n'a pas pour but d'établir les institutions réclamées par le pays, mais des institutions démocratiques. Est démocratique ce que ces docteurs ont déclaré tel ; car les mêmes hommes qui ne croient pas en Dieu, se substituent à lui, se sont donné mission de reconnaître ce qui est bon et mauvais, prononcent au nom de la raison et n'admettent pas que la raison d'autrui les contredise. Depuis la succession des biens jusqu'à l'école, ils ont dans l'État réglé toutes choses, sauf la liberté qu'ils détruisent et ils prétendent réduire cette infinie variété qu'on appelle l'homme, aux pauvretés insolentes de leur cervelle. Ils parlent d'établir les droits du peuple, mais peuple en leur langue, signifie les prolétaires et non la nation, et, au lieu de réunir enfin les classes dans une fraternelle égalité, ils semblent rêver un régime où les opprimés d'hier deviennent oppresseurs à leur tour. La main calleuse, la bourse vide sont les signes de cette nouvelle noblesse, et la marque du citoyen. Ils étouffent son bon sens sous leurs adulations; ils lui montrent la France comme les courtisans de Louis XV et lui disent : Sire, cela est à vous ! Après l'avoir enivré du sentiment de sa force, ils contemplent ses maux avec cette pitié stérile qui, sans soulager, fait fracas autour du malade; irritent ses plaies véritables du venin de leurs larmes; peuplent sa pensée d'infortunes chimériques; lui définissent le capital, infâme, les riches, accapareurs, toute jouissance dont il n'a point sa part, un vol qu'on lui fait et lui rendent son sort insupportable, sans lui en trouver un meilleur. Cependant ils approuvent toutes ses prétentions, excusent tous ses crimes, semblent croire que la haine du présent suffit à préparer l'avenir.

Sur cette pente, ce ne sont plus les principes qui dirigent, mais le tempérament qui emporte. Les uns, déclamateurs bruyants et vides ont mis leur point d'honneur à ne pas être dépassés dans leur amour du peuple, il leur faut partout la place la plus extrême, ils sont de ceux qui pour siéger plus à gauche reculeraient les colonnes, dût la voûte les écraser. D'autres, ambitieux et sceptiques, ont vu dans ce rôle un moyen de fortune et trouveront le peuple heureux le jour où ils seront satisfaits. D'autres enfin, partagent toutes les passions qu'ils déchaînent. Mais tous, objet d'effroi pour la France, faisant leurs erreurs plus odieuses par leur dogmatisme âpre et brutal, si d'aventure ils pensent juste, se donnant tort par leur manière d'avoir raison, ils sont responsables de la lenteur avec laquelle la République se propage, de la lutte des classes qui déshonore ce siècle, des représailles qui ne font ni la société plus sûre ni les agresseurs plus sages et des réactions qui se justifient en les nommant.

Mais quelle que soit à l'heure présente la puissance de la démagogie, il ne suffit pas de la constater et de la craindre, il faut chercher si l'Assemblée nationale la diminue ou l'augmente. Au premier cas, l'intérêt du pays demande que loin de dissoudre l'Assemblée, on veille sur elle ; au second, il exige qu'on la sacrifie sans retard. La politique, surtout à l'heure présente, n'est pas l'art de choisir ce qui est bon, mais de se résigner à ce qui est médiocre pour prévenir ce qui est mauvais.

Par cela seul qu'un régime se fonde, il blesse des droits, des passions ou des intérêts, par cela seul qu'il agit, il commet des fautes. Une coalition d'ennemis formée dès qu'il naît, augmentant dès qu'il dure, le détruirait en peu de jours, si contre elle ne se formait la coalition des conservateurs. Mais d'ordinaire ceux qui comptent avec les faits et portent une certaine indifférence aux principes, ceux qui ont avant tout besoin de travail, de sécurité, se groupent autour du nouveau pouvoir, le soutiennent malgré ses fautes, et contre le flot des révolutions lui font un lest fidèle. Au lendemain des grands désastres et des guerres civiles, lorsque le sang le plus rebelle a été répandu, que le sol est jonché de ruines, la misère profonde, les âmes lasses, cette coalition est plus compacte, plus courageuse, moins exigeante que jamais. Il suffit à un régime de s'élever pour être l'espérance commune, rallier les débris des factions et les confondre dans le grand parti des désenchantés. Elles ne lui demandent pas de penser comme elles, d'être glorieux, légitime, habile, ni même honnête. Une seule vertu lui est nécessaire, la force. Il faut que la netteté de sa politique, la vigueur de sa main, son ambition de durer garantissent le pays contre toute secousse, et donnent satisfaction à ce besoin le plus impérieux de la nature, parce qu'il est au bout de toute agitation et grandit avec elle, le repos.

Est-ce un gouvernement de ce genre qu'a fait l'Assemblée nationale? La volonté même de durer, celle qui manque le moins d'ordinaire aux pouvoirs, lui fait défaut : son éternité s'arrête à la libération du sol. En attendant, elle a mis les scellés sur la France comme sur une succession vacante, et tous les prétendants peuvent produire leurs titres. Aussi, chaque jour organise les partis, les discipline, les tient dans une paix armée qui est la guerre moins ses chances heureuses, les rend plus incapables de se soumettre. Non-seulement ce provisoire les éternise, il les légitime, car un gouvernement qui n'est à personne semble promis à tous. Pour plus d'égalité, les partis se sont partagé les fonctions, le ministère, l'influence : sous couleur de ne pas s'opprimer ils s'annulent, et chacun se console de l'impuissance où il est, par celle où il réduit les autres. Ce système a créé un mal que les peuples les plus tourmentés de divisions n'ont pas connu. Les plus faibles autorités, quand elles se débattent au milieu d'adversaires, ont du moins leur but, leurs hommes d'Etat sont la loi contre la révolution. Ici au contraire chaque faction a une part du pouvoir, la tempête ne gronde plus autour du navire, elle est assise au gouvernail. En cet état, le parti conservateur ne se peut former. Comme l'intérêt commun et présent d'un gouvernement à soutenir ne parle pas plus haut que les souvenirs et les théories, chacun va où ses préférences l'appellent, et plus il est conservateur, c'est-à-dire désireux d'un régime définitif, plus il est révolutionnaire contre le provisoire actuel. Quelques-uns sont demeurés fidèles aux ruines des monarchies, la masse est allée à la République. Entre le passé et l'avenir le gouvernement demeure isolé. Or, s'il n'a pas détaché un homme des factions conservatrices, par quelle contradiction ce provisoire réduirait-il le parti démagogique ?

Incapable de pacifier les esprits, cette assemblée est-elle du moins capable d'assurer l'ordre matériel ?

Elle a vaincu la Commune et vit sur ce souvenir. Loin de prouver sa force, cette lutte a démontré sa faiblesse. La force vraie ne consiste pas à réprimer, mais à prévenir de pareilles explosions. Quand l'unité du pouvoir, ses moyens d'actions assurent l'insuccès aux révoltes, elles désespèrent d'avance et n'éclatent pas. Dès qu'elles osent tenter la fortune, par cela seul que le pouvoir a à les vaincre, si complétement qu'il le fasse, il est faible. Cette faiblesse a des degrés. Même avec des révoltes, le pouvoir est solide, s'il y a entre lui et l'opinion publique une telle alliance, que toute entreprise contre le Gouvernement semble dirigée contre la nation elle-même, que chaque citoyen se sente iusulté, menacé, frappé en lui. Alors les factions sont vaincues jusque dans l'avenir par le sentiment de leur impopularité qui, après avoir détruit leur confiance, paralyse bientôt leurs bras. Or, une révolte s'est élevée, menaçant, non le pouvoir seul, mais les biens de ceux qui possèdent, la foi de ceux qui croient, le bon sens de ceux qui pensent, toutes les libertés. Cette révolte donnait à l'ennemi le droit de dénoncer la paix, de la faire plus lourde, elle lui livrait la France à merci. Le pays s'est-il rué sur elle pour l'étouffer? L'Assemblée l'a appelé au secours de la loi et de la patrie, elle a frappé le sol national pour en faire sortir des légions : combien sont accourues? En 1848, la province s'était soulevée contre l'insurrection parisienne, en 1871 elle l'a regardée. Seul, un corps d'officiers des gardes nationale et mobile, s'est noblement offert et vaillamment conduit, et sans eux, si l'Assemblée avait été vaincue, il n'y aurait pas eu dix volontaires pour escorter les funérailles du droit.

Donc le régime actuel n'a pas cette force qui prévient l'émeute, il n'a pas cette force seconde qui la terrasse par un effort spontané du pays, il n'a eu, il n'a encore qu'une force : l'armée. Cela le condamne. Quand l'armée est l'unique soutien du pouvoir, quand, derrière elle, le pays n'est pas prêt à la secourir, à la suppléer, à la châtier au besoin, un immense péril existe. Péril, si l'armée est défaite, car il n'y a plus rien à qui le pouvoir vaincu puisse en appeler ; péril si l'armée est victorieuse, car elle cesse d'être un instrument pour devenir un arbitre.

Ce calme même précaire et menaçant, qui l'assure ? Qui a discipliné l'armée ? Qui suspend les périls? Ce n'est pas l'Assemblée, c'est un homme. Qu'aurait-elle fait s'il n'eût été là ? S'il disparaît, que fera-t-elle? Entre des calamités toutes prêtes et la France il n'y a qu'une vie de soixante-quinze ans, elle peut être achevée demain, et voilà le régime qu'au nom du salut public il faut conserver !

Le salut public exige qu'il disparaisse. En attendant que le souverain, mais lent remède des peuples, les vertus renaissent, il faut un pouvoir fort, ne débattant pas ses principes mais les faisant respecter, tenant la hache levée sur toute révolte, et où qu'elle se produise l'abattant d'un seul coup. Ce pouvoir, il faut le demander à la nation. Et qu'on n'affecte pas de frauduleuses terreurs. La France ne retournera pas au chaos parce que le peuple aura voté. Ne l'a-t-il pas fait déjà? Combien d'anarchistes ont été envoyés par lui comme l'avant-garde de ces désastres? Où les augures qui prédisent si étrangement la volonté publique ont-ils appris à la lire, et quels poulets sacrés leur ont révélé tant de maux? Mais si, des profondeurs populaires, ils voient surgir des instincts ou des hommes menaçants pour l'ordre, qu'ils sachent comprendre l'indice. Plus il est visible, plus la dissolution de l'Assemblée est nécessaire, car cette représentation factice est la vraie coupable.

Quand un désaccord existe entre un gouvernement et un pays, il dépend du gouvernement que le pays reste dans la modération ou en sorte. Si la nation est obéie aussitôt, le sentiment de sa responsabilité la contient, elle écarte toutes les exagérations qui seraient une révolte contre elle-même. Si cette volonté rencontre un obstacle, il ne s'agit plus pour le peuple d'exécuter ce qu'il désire, mais d'affirmer sa souveraineté méconnue. Il cherche alors non les témoins les plus fidèles de sa pensée, mais des champions énergiques de son droit et fait par eux ses sommations à l'autorité qui usurpe. Si la rébellion persiste, il suscite des représentants non plus de son droit, mais de sa colère. Si enfin ce pouvoir dit la société menacée, fait peur à la nation de ses propres votes et reste pour calmer les périls que sa durée a causés et que son obstination augmente, l'heure sonne pour le peuple des lamentables triomphes. Car ce n'est pas l'issue de la lutte qui est douteuse, c'est la sagesse de la victoire. Quand le peuple a été contraint de l'arracher par lambeaux, la violence qui a envahi les âmes y survit au succès, les cris de guerre deviennent des programmes de gouvernement, les hommes qui sont les premiers montés à l'assaut du pourvoir y restent comme sur une terre conquise, et la politique nouvelle loin d'exprimer la volonté vraie du peuple, n'est qu'un acte de fureur survivant à la politique renversée.

Il en est ainsi de la France. Elle hait la démagogie, elle veut la République, mais son gouvernement est monarchiste et prétend s'éterniser. Par une conséquence nécessaire, le pays réduit à une politique de protestation, a dû parler fort plus que juste, effrayer les faux interprètes de sa pensée par une hostilité fausse, tenter un déplorable équilibre entre leurs exagérations et les siennes. Une chose seule est étonnante, qu'il n'ait pas davantage dépassé la mesure de sa véritable volonté. Mais bien que ses votes successifs aient prouvé un grand calme, le mouvement d'opposition démagogique créé par l'Assemblée est visible, il a crû à mesure qu'elle s'est montré plus résolue à gouverner, il a grandi à chaque élection. Si le dépôt trop longtemps disputé à la France lui était rendu aujourd'hui, elle oublierait des ardeurs dès lors sans objet, et affirmerait dans ses votes son attachement à l'ordre républicain. Mais si l'Assemblée s'obstine, le mouvement dont elle a peur deviendra révolutionnaire, la volonté de punir une représentation factice allumera dans le peuple des colères chaque jour grandissantes, les hommes de désordre seront prêts à les servir et à les exciter, on oubliera qu'ils sont l'anarchie pour se rappeler qu'ils sont la revendication, et l'Assemblée sera responsable de cette alliance qui, réunissant les bons et les mauvais, donnera à ces derniers le droit pour drapeau et le peuple entier pour soldats.

Mais les défenseurs de l'Assemblée se retranchent derrière leur seconde raison, celle-ci décisive.

L'étranger campe sur la France et l'épie : l'agitation d'une lutte électorale lui fournirait un prétexte pour occuper de nouvelles provinces, l'Assemblée disparue, il pourrait se dire dégagé de la paix faite avec elle. Jusqu'au jour où l'indemnité sera payée et le sol libre, l'Assemblée se refuse à sa retraite comme à une défection; elle gardera ce courage qui assure à la France l'exécution des traités et à elle-même deux ans de vie.

Patriotiques terreurs, si ceux qui les affectent les avaient plus durables, si le fragile édifice, où ils craignent que la voix du peuple retentisse, n'était pas chaque jour ébranlé par leurs intrigues, et si, quand ils travaillent à rétablir le trône, ils se souvenaient que la Prusse a traité de la paix avec la République française.

Sans se laisser prendre aux sentimentalités de la peur, il importe d'examiner si le danger est réel. A quel titre interviendrait la Prusse? Au nom de ses droits, ou au nom de son caprice.

Est-ce au nom de ses droits? Ils sont inscrits dans les traités : cinq milliards pour rançon, une partie du sol pour gage. La permanence de l'Assemblée n'est stipulée nulle part.

Est-ce au nom de son caprice? Peu importe alors que l'Assemblée dure ou se renouvelle. Toute sagesse de conduite est vaine contre les prétextes et la violence, et c'est le propre de leurs coups que la raison ne peut ni les prévoir ni les détourner. Si la Prusse a résolu d'accuser nos agitations, en vain la France interdirait-elle au chef de l'Etat de déposer le pouvoir, aux ministres de changer, à l'Assemblée de disparaître, à ses membres de mourir; en vain entourerait-elle de bandelettes pour le conserver plus immobile, ce cadavre de gouvernement, la Prusse exécutera son dessein. Toutes les apparences auront été conjurées, sauf une, c'est celle-là qu'elle saura saisir, si aucune ne se présente, elle la fera naître, si elle ne peut se dire provoquée, elle provoquera : rien ne saurait arrêter l'insolence d'un peuple qui se sent assez fort pour se passer d'être juste. Quand Rome dut ouvrir aux Gaulois ses portes, elle déploya toute la pompe de la soumission, remit sa rançon à l'heure dite, porta, bien comptée, sa ruine aux balances de Brennus, et crut, par sa fidélité à ses engagements, se sauver d'infortunes nouvelles. Aucun prétexte n'avait été laissé au Gaulois, mais il se repentait de ne s'être pas montré plus avide : ce fut assez. Il pesa l'or avec de faux poids, la trahison découverte il alourdit encore le plateau de son épée, et jeta dans l'histoire le mot qui est la raison de tous les victorieux.

Mais cet homme, bien que barbare, ne viola pas la foi jurée pour le vain plaisir de montrer sa force, et la civilisation peut être définie un état où les peuples ne sont injustes que s'ils y croient avoir intérêt. Quel intérêt a la Prusse à empêcher des élections ? Que peut-être l'Assemblée nouvelle aurait moins de crédit, ne saurait pas contenir les passions publiques ? C'est précisément contre ces éventualités que la Prusse a pris un gage. Que peut-être l'Assemblée nouvelle refuserait de reconnaître ce traité ? Lorsqu'il fut débattu, tout le peuple était sous les armes, toute vie industrielle était arrêtée, il ne s'agissait que de continuer une guerre dont la responsabilité pesait sur l'Empire seul. Ni le droit, qui jamais ne commanda plus clairement de défendre l'unité française, ni l'intérêt qui protestait contre l'abandon de notre richesse et de notre influence en Europe, n'ont pu détourner la nation de la paix, et seuls, cent quatre hommes par un désespoir de patriotisme ont voté contre le traité. Aujourd'hui que nos provinces sont à l'ennemi, qu'une portion des milliards est payée, que les liens commerciaux de la France sont renoués, il ne se trouverait pas un homme pour rompre la paix. Plus les élections seront proches de notre désastre, plus elles seront sages. Le péril ne peut venir que de leur retard, si l'Assemblée actuelle disparaît quand il faudra payer les derniers milliards et que la pauvreté sollicitera les courages, ou plus tard encore, quand le souvenir d'un long joug rendra les Français affamés de gloire, quand une apparence de réorganisation militaire les aveuglera sur leurs forces et sur des périls déjà oubliés. Prétendra-t-on que nnl autre Parlement, si résolu qu'il soit à subir le traité ne saurait agréer à la Prusse? Qu'est-ce à dire? Que nos envahisseurs ont pris contre la France un double gage, le territoire et l'Assemblée, qu'ils arrêtent, grâce au premier, toute tentative de révolte dans le présent, et grâce à la seconde, toute chance de revanche dans l'avenir. Ceux qui répandent ce bruit calomnieux s'imaginent-ils soutenir l'Assemblée, ne sentent-ils pas que, pour prolonger son existence, ils égorgent son honneur? Savent-ils que s'ils disaient vrai par fortune, le devoir du peuple serait de renverser les complices inconscients de la Prusse, et que, destiné à périr, mieux lui vaudrait tomber par le fer de l'ennemi que par ses propres lois. Mais ils se trompent ou nous trompent. La Prusse se garderait d'un exigence qui réduirait la France au rang de pro vince allemande, et réveillant la fureur d'un pa triotisme encore endormi, contraindrait peut-êtr nos vainqueurs aux hasards sans gains d'une guerre d'extermination. Non, nous n'en sommes point encore réduits au sort de la Pologne. Pour arracher la liberté à ce peuple, un peuple n'a pas suffi : il a fallu les trois grandes puissances du Nord, elles savent ce que cet égorgement leur a coûté, et leur crime victorieux se trouble quand elles sentent cette chair arrachée depuis un siècle tressaillir encore sous leur main. La Prusse est une nation savante jusque dans ses haines. Son dessein est de ruiner la grandeur française, mais aussi de s'enrichir. Pauvre par son climat, obérée par ses guerres, elle veut s'approprier d'abord les ressources de cette France qui depuis dix siècles étonne les barbares du Nord par sa fécondité. Tant que nos milliards ne seront pas en leurs mains, nos ennemis ne feront rien qui les tarisse : ni menaces, ni intervention, ni guerre. Leur cupidité garantit leur parole. De cela nous avons vu les preuves. Quand l'insurrection de la Commune mettait en question et l'existence du gouvernement et les traités, la Prusse n'avait rien encore reçu de nos épargnes, elle avait un prétexte pour dire ses sûretés détruites et occuper de nouvelles provinces. Elle a favorisé le retour de nos troupes et observé le texte des conventions. La démission donnée par M. Thiers au 19 janvier était certes plus menaçante que des élections régulières. La Prusse est-elle intervenue? Elle n'a pas grossi l'armée d'occupation, pas fait avancer un régiment, pas doublé un poste. Qu'on cesse donc d'agiter le fantôme d'une intervention étrangère. Les Prussiens ne se mêleront à nos affaires qu'après avoir touché leur créance : ce jour-là, les plus graves difficultés il est vrai, sont à craindre, et c'est pourquoi le but de la politique française doit être de nous rendre dans le délai que l'avidité ennemie nous accorde, capables de lui résister. L'Assemblée actuelle paie, mais nous laisse faibles ; il faut, au nom du salut public, une Assemblée qui paie et nous fasse forts.

Attendre ! les temporisateurs qui le conseillent ont-ils ordonné du même coup aux événements d'attendre ? Savent-ils qu'à l'heure présente se joue le sort des siècles ? Le vieil équilibre est rompu, la violence réunit et divise les territoires, aucune puissance n'arrête ces attentats, ils justifient ceux qu'elle a commis ou qu'elle médite : une nouvelle barbarie prépare une Europe nouvelle. Dans ce brigandage international, pour que la France vaincue garde son indépendance et reprenne son rang, il faut qu'elle sache détourner d'elle l'ambition des autres puissances, la diriger contre ses ennemis, connaître les peuples dont elle a besoin, se rendre à eux nécessaire, miner partout le sol par un travail d'amitiés et de haines, étouffer toute explosion hâtive, et, n'ayant pas assez de ses propres forces, trouver, dans les passions de tous, des instruments pour sa grandeur. Cette suite dans les desseins, cette habileté dans la conduite existent-elles aujourd'hui ? Non. Que faut-il pour les créer ? Une politique. La monarchie a ses procédés et ses alliances, la république en a d'autres. Mais quand ces deux gouvernements se tiennent en échec quelle impulsion sortirait de leur immobilité? Quand ce provisoire même est toujours menacé au dedans, quelle confiance inspirerait-il au dehors? Les peuples en travail n'ont pas d'alliances. Il y a de cela deux raisons. Comme toutes leurs forces sont employées à leur reconstitution intérieure, ils ne sont pas prêts à les porter par de-là la frontière : on méprise leur faiblesse. Comme ils sont un chaos d'où aucun système gouvernemental ne se dégage, on ignore leurs intérêts. Que la guerre européenne dès aujourd'hui inévitable éclate, la France incapable de profiter des conflits, verra de nouvelles puissances s'élever, heureuse si son propre sol ne devient pas entre elles le prix de la paix. Et cela peut arriver demain, et il se trouve des hommes pour demander le maintien d'une situation pareille, et ces hommes sont de bons Français !

Il est vrai qu'aveugles sur l'avenir, ils ont borné leurs regards à un intérêt présent. Hâter le départ des troupes allemandes est devenu toute la politique, et il a été répandu que la dissolution préparait à cette œuvre des difficultés certaines et probablement un échec. Cela a suffi pour rendre l'Assemblée presque respectable à ses plus fermes adversaires. Par crainte de retarder la délivrance de quelques provinces on a retardé la régénération du peuple, et la pitié a désarmé la raison : faute honorable et bien française, car c'est le caractère de notre nation que dans ses erreurs il y ait presque toujours de la vertu. Mais, depuis le 6 juillet, le traité attendu est fait, et si, avant qu'il fût signé, la dissolution était dangereuse, dès qu'il s'est agi d'exécuter, elle devenait utile. Pour le rachat du sol, il fallait obtenir du crédit des sommes jusque-là inconnues. Qu'il les refusât, la France était à la merci de la Prusse; qu'il les fît payer trop cher, elle succombait sous le poids de sa dette. Or, quel gouvernement avait plus de chances pour échapper à ces périls : l'Assemblée actuelle campée dans l'incertain et ayant pour héritier l'inconnu, ou une Assemblée nouvellement sortie du peuple, unie et durable ? Il a fallu avec la première affronter les hasards de l'emprunt, parce qu'il eût été trop difficile de la faire partir, trop long de la remplacer, et l'on a vu, malgré elle, ce succès inouï dans l'histoire, ce débat étrange où le suppliant était le prêteur, et le monde offrant à la France douze fois plus d'or qu'elle n'avait de besoin. La France a néanmoins payé, par le taux de l'emprunt, les divisions et la faiblesse de ses mandataires. Mais si l'exécution du pacte est assurée, un autre devoir commence. Ce traité est tout ce que la représentation nationale a pu obtenir, il n'est pas tout ce que le pays a droit d'espérer. Le pays attendait la délivrance totale, au moins plus rapide du territoire, la réduction de l'armée occupante, des délais plus longs de paiement : il faut qu'il les obtienne. De même que la convention première a été améliorée par celle de juillet, celle-ci peut l'être par un traité nouveau. La Prusse aujourd'hui refuse d'évacuer un pouce de territoire avant d'en avoir touché la rançon, elle refuse de diminuer d'un homme ses troupes, parce qu'un gouvernement fragile, chaque jour ébranlé par des intrigues, ne lui inspire pas confiance. Or ce gouvernement durera autant que l'Assemblée nationale. Pour obtenir des conditions meilleures, il faut un pouvoir définitif, sûr de l'avenir, et vis-à-vis duquel des garanties puissent équivaloir la possession. Que l'Assemblée lui laisse donc la place. Naguère elle demandait pitié pour les provinces envahies, qu'elle-même les ait en pitié. Plusieurs gémissent encore sous un joug alourdi, elle ne peut plus rien pour les soulager. Qu'elle n'interdise pas à de plus heureux de les secourir, et après avoir gardé le pouvoir au nom de la libération du sol, qu'au nom de la libération du sol elle sache abdiquer.

En 1816 une autre chambre française était née d'une autre invasion. Jamais hommes plus extrêmes ne se trouvèrent à la tête d'un peuple plus bouleversé. La coalition détenait une partie des provinces, dans toutes les autres, l'armée licenciée avait porté ses colères contre le drapeau blanc, des massacres ensanglantaient le Midi. La Chambre introuvable se proclamait le seul rempart de la France contre l'anarchie et l'étranger, se croyait éternelle, grâce aux fureurs dont elle donnait l'exemple, et perdait la France. Louis XVIII osa la dissoudre. Sacrifiant les amis de son exil plus royalistes que lui-même, il s'abandonna à l'inconnu. Mais dans cet inconnu que des prophètes intéressés ou aveugles peuplaient de catastrophes, il devina l'âme de la France dont il sut ne pas douter. Les armées étrangères qui devaient imposer des conditions nouvelles à l'annonce des élections, n'essayèrent pas de mettre obstacle au droit le plus essentiel d'un peuple et cette Chambre qui devait mettre le feu aux quatre coins du royaume, fut nommée sans trouble, gouverna sans excès, et avança de quatre années la libération du territoire.

VII

Par quel moyen peut-on obtenir la dissolution ? Il en est un trop connu de la nation française : la violence. Mais ce doit être notre gloire républicaine de répudier cette maxime factieuse et faible, de supporter dans les circonstances les plus critiques une Assemblée dont les titres sont contestables, de résoudre contre nous-mêmes le doute qui s'élève, et si faible que soit l'apparence, de respecter en elle l'ombre de la loi. Tout homme qui songerait à la détruire par la force serait un criminel, toute tentative serait un attentat, non contre telles ou telles opinions dominantes dans la Chambre, mais contre la souveraineté même du pays.

Une seule autorité a mission pour dissoudre l'Assemblée, c'est l'Assemblée elle-même. Là est l'obstacle. Les corps politiques, pas plus que les individus, ne souscrivent volontiers à leur mort, et certains poussent à des degrés extraordinaires la faiblesse de vivre. La loi donne pourtant au peuple un moyen de faire prévaloir sa volonté, c'est le droit de pétition. Il est lent, mais puisqu'il est le seul, il faut le juger bon, et la force de l'instrument importe moins que la force de la volonté. Il a d'ailleurs une vertu particulière contre le parlement actuel. Nombre de ses membres et de ses chefs employèrent en 1848 cette arme contre l'Assemblée constituante. Ce furent des légitimistes et des orléanistes coalisés qui eurent l'honneur de la découverte, soutinrent que par le pétitionnement comme par le vote la nation prononçait en souveraine, et prouvèrent aux républicains l'impérieuse nécessité de la dissolution. A vingt-quatre ans de distance, les républicains ont droit de se souvenir, les monarchistes n'ont pas le droit d'avoir oublié. Quel prétexte invoqueraient ces maîtres en principes contre leurs propres leçons? Sans doute, car les contradictions ne coûtent rien aux partis, la majorité de Versailles espère dans la paresse publique, se tient assurée qu'à peine se lèvera contre elle une minorité de citoyens, et au nom de la majorité muette, est d'autant plus résolue à rester qu'elle serait plus certaine de ne pas revenir. Voilà l'obstination qu'il faut prévoir et dépasser. Quand l'Assemblée obéit aux pétitionnaires de 1848, ils n'étaient pas deux cent mille. Combien l'Assemblée actuelle en veut-elle de plus pour se considérer comme dépossédée? Qu'elle fixe le chiffre de cette rançon. Si haut qu'elle l'évalue, la France est assez lasse pour la payer. S'agit-il de millions de voix, il les faut obtenir, il faut mettre la Chambre en flagrant délit de minorité dans le pays. Eh quoi, il s'était spontanément formé sur tous les points de la France, malgré la misère, l'égoïsme, les découragements versés de haut, une ligue où l'on offrait de l'or pour la libération du sol, et il ne se formerait pas une ligue où l'on donnerait une signature pour la libération de la souveraineté nationale? On prétend qu'il sera impossible d'obtenir du peuple des adhésions suffisantes. Le peuple n'est pas si inaccessible qu'on le représente, et son plus grand défaut, c'est la paresse ou l'impuissance de ceux qui le pourraient persuader. Des millions de voix effraient, parce que l'esprit français est d'un quart de siècle en retard sur ses institutions : les habitudes, la politique, la portée même des esprits sont faites pour le pays légal, le suffrage universel ne vit encore que dans la loi. Ces nombres sont les proportions ordinaires d'un peuple, il est temps de s'accoutumer à sa stature. La démocratie n'est autre chose que le mouvement quotidien de ces grandes masses.

Par un mouvement spontané ce peuple a deviné le remède : de tous les points de la France, des groupes isolés ont demandé, demandent la dissolution. Mais seul est puissant ce qui est ordonné. L'heure vient où tout ces efforts doivent procéder d'une impulsion commune. Les impôts sont votés, le traité avec la Prusse fait, l'emprunt souscrit, les travaux législatifs suspendus, aucune préoccupation ne détourne désormais la France de cette grande affaire. Relevés de leur faction contre la monarchie à Versailles, les défenseurs de la république peuvent porter partout où ils iront, le centre d'une agitation régulière, et l'Assemblée pour trois mois séparée, ne saurait élever de digues contre le flot montant de la lassitude publique où elle doit s'engloutir. Que l'œuvre soit donc entreprise, que la presse porte sur ce point son effort, que des brochures claires et simples répandent la vérité dans les campagnes, que surtout la parole, ce levier de la démocratie, soulève et dirige le peuple. Que nulle partie du sol ne soit laissée à elle-même, que les députés ne jugent pas leur département trop vaste pour leur zèle, que les conseillers généraux rendent à leur canton en échange de l'honneur reçu ce signalé service, que les hommes d'autorité prêtent à cette cause l'appui de leur expérience, que les nouveaux venus lui consacrent leurs premières ardeurs, que les villes où l'œuvre est plus facile l'activent, que partout où il y a des esprits à conquérir, jusque dans les villages les plus reculés, elle trouve des propagateurs. Les trois mois que l'Assemblée s'est donnés pour se reposer de ses fautes sont donnés au peuple pour la rendre incapable de fautes nouvelles. Elle s'est promis de reprendre à jour fixe son pouvoir, il faut qu'au rendez-vous elle trouve la volonté publique, et qu'un veto souverain barre le passage à l'usurpation. Ce jour là comment les députés de chaque département voteraient-ils contre une mesure que leur département leur ordonne, comment l'Assemblée prolongerait-elle des pouvoirs que la nation lui retire? Une telle extrémité n'est pas à craindre, et malgré ses déclarations de toute-puissance, disparaîtra cette Assemblée qui est souveraine comme les empereurs Romains étaient immortels.

Si la France fait ainsi, elle aura accompli un des actes les plus purs et les plus puissants qu'ait enregistrés l'histoire. Le passé est plein de la force du peuple, partout les pouvoirs qui se disaient éternels ont dressé par leur chute même un monument à ce vainqueur, mais quelque chose de plus grand et de plus inouï, c'est un peuple capable de contenir ses élans et ses colères, de condamner un gouvernement sans révolte, de signer tout entier la sentence, d'attendre que ce gouvernement l'exécute et de rester dans la légalité pour rentrer dans le droit.

VIII

Il se peut que ce mouvement échoue, que l'Assemblée s'obstine à se survivre, que la France le lui permette. L'Assemblée et la France courront alors le risque d'une commune catastrophe.

Les nations ont la liberté de tomber dans le désordre, elles n'ont pas celle de s'y maintenir. Comme il y a une loi d'attraction qui, régissant les corps dans leurs mouvements opposés, leur fait un rendez-vous commun au centre de la terre, il y a une loi d'attraction qui au travers des luttes, des déchirements et des haines, tend à établir dans les peuples l'unité. Des forces contraires tiennent parfois toutes choses divisées et suspendues, mais pour peu de temps, et il n'y a d'incertain que la manière dont l'ordre se rétablira. Si le peuple est doué de vertus, un travail naturel refait l'unité par la liberté ; s'il a perdu sa force morale, le châtiment vient à son aide, un homme se lève qui fait l'unité par le despotisme ; si enfin, dans cette race dégénérée, il n'y même plus un bras assez fort pour la punir, l'étranger vient qui fait l'unité par la conquête.

Quand le Long-Parlement, divisé en partis presqu'égaux, oscillait de la monarchie à la république, tenait Charles Ier prisonnier et négociait avec lui, désirait la paix et perpétuait la guerre, et que l'Angleterre, entre ses anciennes doctrines et ses doctrines nouvelles, ne recueillait le fruit ni des unes ni des autres, aucun remède n'apparaissait capable de mettre fin à ce mal. Mais la loi de l'unité était là. L'attentat inspiré par elle, et connu sous le nom de purgation du Parlement, jeta hors du pouvoir avec la moitié de ses membres, tous les soutiens du passé : la moitié demeurée maîtresse, en moins de deux mois, condamna la royauté, tua le monarque, et par ce coup de hache fraya le chemin à la République. Quelques années plus tard cette moitié, réduite encore, était retombée pour son châtiment dans des divisions nouvelles. Après avoir épuisé tous les efforts pour prolonger son empire, elle avait compris qu'elle devait disparaître et soumis à son examen les pétitions jusque-là dédaignées qui demandaient sa dissolution. Mais elle obéissait trop tard à la loi de l'unité. Un jour qu'elle venait de résoudre son départ, qu'elle allait en fixer la date, Cromwel entra. Il prit la masse qu'on portait devant le Président, et la remit à ses soldats, indiquant par là que le pouvoir passait à l'épée, il monta à la tribune qu'il allait abattre, dans le silence de leur peur reprocha à ces mandataires infidèles leur usurpation, leurs déchirements, leur impuissance, le régime des Assemblées déshonoré par eux, et les chassa d'un geste où l'Angleterre reconnut son maître.

En France, quand la Convention fut réunie, les

factions s'y trouvèrent en présence, et divisant les forces nationales, ne produisirent d'abord que la défaite et l'anarchie. Là encore, la loi de l'unité s'impose. Comme elle ne peut concilier les partis, elle frappe l'un par l'autre, dresse tour à tour l'échafaud de Louis XVI, de la Gironde, de Danton, d'Hébert, et la fortune de la Révolution vogue sur ces flots de sang. Au moment où le Directoire la recueille, les grands impitoyables sont morts, l'horreur des violences est universelle : la loi reste. Quand l'esprit monarchique renaît, dispute la majorité dans les conseils, et, en attendant qu'il soit assez fort pour diriger le gouvernement, l'entrave, un premier coup d'État rétablit par la captivité et l'exil l'accord dans les pouvoirs : et quand, malgré ce remède, des divisions nouvelles reparaissent, et que victorieuse de l'Europe, la République n'est pas maîtresse de la France, le 18 Brumaire s'accomplit, qui n'a besoin d'enchaîner ni de déporter personne, mettant un homme en place de tous.

Quelques années auparavant, la Pologne, cette nation qui dans la liberté a préparé sa servitude et dans sa servitude a mérité d'être libre, était perdue par la rivalité de ses classes et les vices de sa constitution. Ni son intelligence, ni son héroïsme ne la sauvèrent. Plus dépourvue d'unité que les peuples précédents, elle ne vit pas seulement violer ses assemblées, succomber son indépendance intérieure : elle perdit jusqu'à sa nationalité, pour laquelle elle savait mourir mais non pas vivre.

Et vous, partisans de la monarchie, en désaccord avec la France sans être d'accord avec vous-mêmes, vous aussi, l'unité vous attend.

Vous ne vous déchirerez pas comme la Convention ou le Directoire et ce n'est pas un général maître de ses troupes par le fanatisme de la religion et de la victoire, qui dira de vous comme Cromwell du long-parlement : « On n'a pas entendu un chien aboyer à leur départ. » Ou, par une surprise, vous relèverez le trône : vous donnerez alors le signal de la guerre civile, et la France mutilée par la lutte sera achevée par le pacificateur ; car le seul souverain rappelé par vos efforts sera celui d'Allemagne. Ou vous voulez prolonger l'agonie légale du pays jusqu'au jour où pour en sortir, il acceptera tout de de votre main : l'entreprise ne serait pas impossible si, en face de la République, vous étiez seuls. Souvent la lassitude des peuples accorde ce que refuse leur consentement. Mais fussiez-vous de taille à arrêter la civilisation qui porte la France à la République, votre triomphe ne serait pas pour vous, et vous auriez servi cette épée sinistre dont l'ennemi n'a jamais vu l'éclair, et qui vaillante aux seules guerres civiles, veut effacer le sang du Deux-Décembre par le sang d'un Décembre nouveau.

Ne dites pas que, pour avoir écrasé l'Empire sous des imprécations magnifiques et des votes unanimes, vous l'avez tué. Ce n'est pas ainsi qu'on vient à bout des pouvoirs, et ces sentences font votre gloire mais non votre sécurité. La honte est une puissance aux grands coupables qu'elle marque à l'épaule; les vouant à l'exécration publique, elle leur laisse pour unique refuge les voluptés de la force, les libère de l'hypocrisie des moyens et les excite à monter si haut qu'ils puissent arrêter la justice et abolir la mémoire. La honte, loin de les briser resserre les liens qui rattachaient à un régime tombé ses complices et ses créatures. Leurs passions et leurs besoins, qu'il avait pris à sa solde, ont faim et soif de son retour, et ils lui demeurent d'autant plus fidèles que le mépris public les isole davantage dans la nation. Si ce pouvoir a été assez fort pour rallier une partie de ses ennemis et désespérer le reste, pour dispenser à son gré les faveurs et les épouvantes, s'il a duré dix-huit ans, s'il n'est tombé que d'hier, il demeure, dans sa chute, à la tête d'une armée secrète et formidable. Si enfin, au milieu de rivaux qui rusent avec la légalité et épient l'occasion, il est expert à violer l'une et à saisir l'autre, si tandis qu'ils tentent de se faire une majorité dans les Assemblées, il sait supprimer les Assemblées elles-mêmes, la légalité court un péril que la honte ne diminue pas.

Au reste la force n'est pas l'arme unique de l'empire. Déjà l'œuvre de réhabilitation est commencée : confondue d'abord par la lumière des événements, elle s'enhardit à mesure qu'ils s'éloignent, une profusion de pamphlets, de journaux, de brochures accrédite le mensonge, avec l'or enlevé dix-huit ans à la France s'achète assez d'encre pour obscurcir l'histoire, et une nuée d'émissaires parcourant le pays y répand par la parole les calomnies que l'on n'ose écrire. La tribune française n'est-elle pas devenue deux jours un autel élevé au dieu de la défaite? Croyez-vous ces efforts stériles? Vous ne connaissez pas la justice du peuple. Un régime n'est pas jugé par ses propres actes, mais par ceux du régime qui le suit; les crimes de la veille disparaissent devant les fautes du lendemain. Avez-vous réfléchi quel spectacle est pour les masses ignorantes et simples l'impuissance de tous les partis à faire un gouvernement, lorsque l'Empire, les écartant tous, en avait fait un si solide? N'avez-vous pas, en enlevant les pouvoirs publics à leur siége séculaire, brisé avec la capitale, dans un pays où la capitale fait encore l'opinion, et tourné vers l'Empire même, s'il défait votre œuvre, l'armée des amours-propres et des intérêts blessés? N'avez-vous pas dû soutenir une guerre civile alors que l'Empire a régné dix-huit ans sans émeute et n'aurait-il pas contre vous, dans les masses ouvrières, ceux qui réclament l'amnistie et ceux qui rêvent la vengeance? N'arrêtez-vous pas, vous qui n'avez de système ni en impôts, ni en finances, l'essor de la richesse, et cette calomnie que la prospérité publique était attachée à l'existence de l'Empire ne prend-elle pas l'apparence de la vérité? Le temps est-il loin où il y avait en France un peuple sceptique, dépravé, avide des fortunes rapides, indifférent aux moyens, n'ayant peur que de ses droits, ne se croyant libre que sous le joug? A-t-il tout entier disparu? Croyez-vous les principes de cette nation nouvellement vertueuse à l'épreuve de vos fautes? Si vous les prolongez, ne redoutez-vous pas qu'elle regrette ses jours d'orgie et de repos, et que, pour vous échapper, elle y cherche encore un refuge? Prenez-y garde, tout purs que vous êtes. Quand un gouvernement corrupteur s'est élevé, il ne suffit pas de le renverser pour le détruire : du fond de son exil, il règne encore sur le peuple par les vices qu'il lui a donnés.

Il y a une raison plus haute enfin au succès de l'empire, c'est que la France tient avant tout à la démocratie. Or, la démocratie n'a que deux formes : l'Empire et la République. Sans doute l'une s'appuie sur les vices du peuple, l'autre emploie ses vertus, l'une marche inévitablement par le despotisme aux désastres, l'autre donne à la nation le moyen d'être heureuse aussi longtemps qu'elle demeure sage et de réparer ses fautes dès qu'elle le veut. C'est pourquoi laissée libre cette nation entre les deux n'hésite pas, et contemplant la démocratie sous ses traits véritables, se détourne de sa menteuse image. Mais si la République, trahie par ses ennemis, cesse d'avoir le cœur du peuple, l'Empire reparaît pour leur châtiment. Comme il était confondu naguère, il les confond à son tour. Ils ont tué les vertus républicaines et fait considérer comme un apanage monarchique, l'ordre, la sécurité, la prospérité matérielle : c'est pour lui qu'ils ont travaillé. Égal à eux dans leur propre domaine, il oppose à leurs étroites origines, la base nationale de son pouvoir. Toutes les monarchies sont aristocratiques par leur origine, leurs procédés, leur but : elles tirent leurs droits de Dieu ou d'une caste, elles ont peur du peuple. Seul l'Empire sort des foules, ose s'y replonger, leur demande une consécration directe. Seul il a constitué un pouvoir conforme à leur esprit, net et simple, où l'autorité étant unique, l'obéissance est prompte, tout conflit impossible, il leur donne ce qu'elles cherchent quand leur souveraineté se dégrade : un maître à faire et à adorer. Comme Tarquin-le-Superbe abattait de son sceptre les hautes tiges, il flatte leurs instincts jaloux, nivelle les supériorités, n'élève un homme que pour abaisser également tous les autres, et détruisant les hiérarchies, s'appuie sur le nombre. Par là, glorieux ou infâme, victorieux ou vaincu, l'Empire a son caractère et garde sa force. Aux yeux des races dégénérées, il semble défendre à la fois, contre la République l'ordre social, et contre les monarchies l'esprit de la Révolution.

Voilà pourquoi, royalistes de toutes races, vous ne reverrez pas le régime de votre choix. Placés entre la République et l'Empire, vous ne pouvez que faire l'une par votre départ ou l'autre par votre durée. Il vous l'a dit ce premier ministre de l'Empire, demeuré son champion, qui vous a suppliés de ne pas vous dissoudre, apportant aux partisans de l'Assemblée une alliance dont la tache ne s'effacera pas. Décidez, vous chevaliers de l'honneur, lequel de ces régimes est le plus selon l'honneur, décidez, vous hommes d'intérêt, lequel est le plus selon l'intérêt, et cédez la place à celui dont vous n'avez ni à craindre ni à rougir. Mais si votre haine vous aveugle, prenez garde que l'histoire ne dise :

« Trois fois la République française fut égorgée par un Bonaparte, avec la complicité des royalistes. A chaque coup d'État, la valeur du despote mesura la valeur des complices qui l'aidèrent et du peuple qui le subit.

« Une première fois, la République avait sauvé la France. Son meurtrier fut du moins le plus grand génie de son époque. Il avait écrit avec son épée sur les champs de bataille une épopée immortelle, il s'annonçait grand organisateur, profond politique, l'homme le plus capable de vouloir pour une nation, et c'est dans un linceul de gloire qu'il ensevelit la liberté. Et comme si tout devait être noble jusque dans les instruments du crime, il envahit le pouvoir avec les grenadiers d'Arcole et des Pyramides, escorté de généraux et de politiques qui semblaient, par leurs acclamations, lui promettre d'avance le pardon de la postérité. Il règne, arrose inutilement de sang humain cette gloire que la liberté ne féconde plus, perd les conquêtes de la Révolution au dehors après les avoir étouffées au dedans, et tombe devant l'invasion de la France.

« Un demi-siècle plus tard, une seconde République avait apparu, élargi les droits du peuple, adouci les lois, et implacable à ses seuls excès, écrasé une insurrection formidable ; elle avait à son service des hommes illustres : les uns par l'éloquence, les autres par les talents guerriers, tous par l'intégrité. Un second Bonaparte surgit : les monarchistes n'hésitent pas. Grâce à eux, il peut trahir ses serments, la loi et l'avenir de son pays. Il prend le pouvoir la nuit, avec une armée ivre et des généraux achetés. Il règne, empirant la servitude par des guerres folles, et la France paie le droit de le renverser, cinq milliards et ses deux plus belles provinces.

« Une troisième fois la République avait recueilli cet héritage. Après avoir sauvé par sa résistance à l'ennemi l'honneur français, cette République avait triomphé de la révolte intérieure, trouvé pour payer les désastres dont elle n'était pas responsable, un crédit encore inconnu, elle s'affermissait aimée de la France. Les monarchistes sont là encore. Au milieu des discordes, quand les Prussiens amenés par Napoléon occupent la France, quand des milliards perdus par son crime se paient, quand chaque famille porte encore le deuil des soldats sacrifiés pour lui, il reparaît, met sur les mandataires du pays la main de sa police, et une dernière fois la République périt sous le coup de soldats déserteurs, commandés par des chefs qui ont capitulé devant l'ennemi. »

www.ingramcontent.com/pod-product-compliance
Lightning Source LLC
LaVergne TN
LVHW020426230826
846091LV00004B/1416

* 9 7 8 2 0 1 1 7 9 0 7 5 0 *